みんなの日本語

初級II 第2版

Minna no Nihongo

JAPONÉS NIVEL BÁSICO II
TRADUCCIÓN Y NOTAS GRAMATICALES
VERSIÓN EN ESPAÑOL

翻訳・文法解説
スペイン語版

スリーエーネットワーク

© 1999 by 3A Corporation

All rights reserved. No part of this publication may be reproduced, stored in a retrieval system or transmitted in any form or by any means, electronic, mechanical, photocopying, recording, or otherwise, without the prior written permission of the Publisher.

Published by 3A Corporation.
Trusty Kojimachi Bldg., 2F, 4, Kojimachi 3-Chome, Chiyoda-ku, Tokyo 102-0083, Japan

ISBN978-4-88319-703-3 C0081

First published 1999
Second Edition 2014
Printed in Japan

PREFACIO

Tal como indica el título ***Minna no Nihongo***, que significa "Japonés para todos", este libro ha sido diseñado para que el aprendizaje del idioma japonés sea más agradable e interesante tanto para los alumnos como para quienes lo enseñan. Se han dedicado más de tres años para concebir y editar esta publicación que se puede decir que es un "libro hermano" de ***Shin Nihongo no Kiso***.

Como es del conocimiento de los lectores, ***Shin Nihongo no Kiso*** fue desarrollado como una introducción al estudio del idioma japonés de modo que los estudiantes extranjeros pudieran aprender eficientemente a mantener una conversación básica en un tiempo relativamente corto. Pese a que este libro ha sido elaborado originalmente para el uso de aprendices técnicos de empresas japonesas, actualmente está siendo utilizado por un gran número de personas no sólo en Japón, sino también en el extranjero.

Ahora bien, en los años recientes, la enseñanza del idioma japonés se ha venido diversificando cada vez más. A medida que se ha ido ampliando el intercambio de gente de diversos países, en paralelo con la expansión de las relaciones internacionales, extranjeros con un perfil y unos objetivos diferentes han empezado a ser recibidos en comunidades locales de las distintas regiones de Japón. Los cambios surgidos en el entorno social debido al aumento de dichos extranjeros han repercutido en la actualidad de la enseñanza del japonés, diversificándose, en consecuencia, las exigencias del estudiante a las que se ha de atender de manera individual.

En vista de las circunstancias arriba descritas, 3A Corporation ha decidido publicar ***Minna no Nihongo*** en respuesta a las opiniones y solicitudes de muchas personas que se han dedicado a la enseñanza del idioma japonés durante muchos años, dentro y fuera de Japón. ***Minna no Nihongo*** proporciona una comprensión clara y sencilla utilizando las características, los elementos de aprendizaje y los métodos fáciles de ***Shin Nihongo no Kiso***, e incorporando escenas, situaciones y personajes que responden a las necesidades de una amplia gama de estudiantes. Su contenido ha sido elaborado de forma que todos puedan usar el libro para disfrutar estudiando el japonés.

Minna no Nihongo es útil para los extranjeros que tienen una necesidad inmediata de comunicación en japonés en el sitio de trabajo, escuela, hogar o en la comunidad donde residen. Aunque se trata de un libro introductorio al aprendizaje del idioma japonés, las escenas de intercambio entre los personajes japoneses y extranjeros que aparecen en el libro reproducen de la forma más real posible las situaciones sociales y cotidianas que ocurren en Japón. Se dirige principalmente a las personas que ya han terminado los estudios superiores, pero es recomendable como excelente material didáctico para aquellos que realizan cursos preuniversitarios o intensivos de corta duración de las escuelas profesionales o incluso para universitarios.

Nuestra editorial está dispuesta a participar activamente en la futura confección de materiales didácticos para responder a la diversidad de estudiantes y exigencias de acuerdo con los lugares de utilización, por lo que se les solicita a los lectores que nos brinden su valioso apoyo.

Hacemos propicias estas líneas para expresar nuestro más profundo agradecimiento a todos aquellos que nos apoyaron dando sus opiniones y haciendo tests de los materiales durante el proceso de edición del presente libro.

3A Corporation desea continuar dedicándose a la elaboración y a la publicación de nuevos materiales de estudio del idioma japonés para atender a las necesidades individuales de una creciente gama de estudiantes y expandir la red de amistad por todo el mundo. Esperamos poder contar cada vez más con su apoyo y estima.

Junio de 1998
Iwao Ogawa
Presidente, 3A Corporation

PREFACIO DE LA SEGUNDA EDICIÓN
— Presentación de la segunda edición de *Minna no Nihongo Shokyu* —

Nos complace poder ofrecerles la segunda edición de ***Minna no Nihongo Shokyu***. Como ya indicábamos en el prefacio de la primera edición, este manual puede considerarse un libro hermano de ***Shin Nihongo no Kiso***, que fue desarrollado para la enseñanza de la lengua japonesa a técnicos extranjeros que realizaban prácticas en empresas japonesas.

La primera impresión de la primera edición del libro tuvo lugar en marzo de 1998. En aquella época, siguiendo la evolución de las relaciones internacionales, se produjeron muchos cambios en el campo de la enseñanza de la lengua japonesa. Hubo un rápido aumento en el número de estudiantes y también se ampliaron sus objetivos de estudio. Esto dio como resultado una gran diversificación de necesidades que exigían una respuesta individual. 3A Corporation publicó ***Minna no Nihongo Shokyu*** teniendo en cuenta las opiniones y las solicitudes presentadas por los profesores de japonés en Japón y en el extranjero.

Minna no Nihongo Shokyu ha sido elaborado con un amplio contenido, incluyendo elementos y métodos de aprendizaje fáciles de entender y de alta utilización, teniendo en cuenta la diversidad de los estudiantes. El libro ha sido utilizado por más de 10 años, gozando de gran aprecio por los excelentes resultados obtenidos por los estudiantes que quieren aprender a hablar el idioma japonés en un corto período de tiempo. Sin embargo, la lengua evoluciona con el tiempo. Durante los años transcurridos desde la primera edición ha habido cambios drásticos, tanto en Japón como en el resto del mundo. En particular, en los últimos años, la situación en torno de la lengua japonesa y los estudiantes ha sufrido modificaciones importantes.

En vista de tales circunstancias y con el fin de poder contribuir todavía más a la enseñanza del japonés para extranjeros, hemos revisado el libro y lo hemos reformulado como ***Minna no Nihongo Shokyu I*** y ***II***. Para ello, hemos puesto en práctica todas las experiencias acumuladas en las actividades de publicación y coordinación de los técnicos extranjeros en prácticas, así como las opiniones y preguntas recibidas durante ese período por los estudiantes y profesores de japonés.

Las modificaciones han sido hechas sobre todo con el fin de elevar la capacidad de utilización y renovar las partes que incluyen palabras y situaciones que no condicen con los tiempos actuales. En esta nueva edición, respetamos las opiniones de los estudiantes y las personas que participan en la educación y conservamos la antigua estructura con el objetivo de ser un libro didáctico "fácil para el aprendizaje y la enseñanza", y también ampliamos las prácticas y los ejercicios. Reforzamos el método para que los estudiantes no practiquen las lecciones de una manera puramente pasiva, siguiendo las instrucciones, sino de forma que ellos mismos entiendan las situaciones y piensen y se expresen por sí mismos. Para este fin, se utilizan ilustraciones en abundancia.

Aprovechamos esta oportunidad para enviar nuestro más profundo agradecimiento a todos los que han contribuido a la elaboración de este libro, enviándonos sus comentarios y sugerencias de uso en las clases. 3A Corporation continuará desarrollando materiales de estudio, no sólo para servir a la comunicación de los estudiantes de idioma japonés, sino también para contribuir a las actividades de intercambio internacional entre las personas. Esperamos, sinceramente, seguir contando con su valioso apoyo y orientación.

Enero de 2013
Takuji Kobayashi
Presidente, 3A Corporation

A LOS USUARIOS DE ESTE LIBRO

I. Composición del libro

El presente libro ***Minna no Nihongo Shokyu II*** está compuesto por el "Libro de texto principal" (con CD) y por el libro "Traducción y notas gramaticales". Tenemos previsto publicar versiones de "Traducción y notas gramaticales" en 12 idiomas, empezando por el inglés.

El principal objetivo de la publicación del presente libro es ayudar al estudiante a aprender a hablar, oír, leer y escribir el japonés. El libro todavía no comprende la enseñanza de la lectura ni la escritura de los silabarios *hiragana* y *katakana* ni de los *kanji*.

II. Contenido

1. Libro de texto principal

1) Lecciones

Este libro cuenta con un total de 25 lecciones, de la 26 a la 50, que son una continuación de la segunda edición de ***Minna no Nihongo Shokyu I***. Cada una está organizada de la siguiente manera:

① **Frases modelo**

Se presentan frases modelo básicas de la lección correspondiente.

② **Ejemplos de oraciones**

Las frases modelo son incluidas en diálogos básicos cortos para indicar cómo se utilizan en la práctica. Se presentan, también, otras materias de aprendizaje, tales como la utilización de adverbios, conjunciones y otros elementos gramaticales.

③ **Diálogos**

En los diálogos se presentan diversos personajes extranjeros que viven en Japón hablando en situaciones varias. Se incorporan en la estructura de cada lección expresiones habituales tales como aquellas que se emplean en la vida cotidiana.

En caso de que el tiempo lo permita, es posible desarrollar conversaciones utilizando las palabras de referencia contenidas en el libro "Traducción y notas gramaticales" para mejorar la capacidad de expresión oral.

④ **Práctica**

La práctica se divide en tres partes: A, B y C.

La práctica A está dispuesta de manera visual con el fin de facilitar la comprensión de la estructura gramatical. Este método ayuda a aprender sistemáticamente las frases modelo básicas por medio de la elaboración de oraciones aplicando formas conjugadas de verbos, conjunciones y otras peculiaridades idiomáticas.

La práctica B ofrece diversos ejercicios con el fin de dar al estudiante un mejor dominio de las frases modelo básicas. Los números con "➡" indican prácticas en las que se utilizan ilustraciones.

La práctica C está diseñada para mejorar la capacidad comunicativa de los estudiantes. Se realiza sustituyendo las palabras subrayadas en el diálogo por otros términos adecuados a la situación. No obstante, para que no se convierta en un mero ejercicio de sustitución, se recomienda adaptar las frases de ejemplo a las circunstancias de cada estudiante, ampliar el contenido y desarrollar aún más los escenarios posibles.

Los ejemplos de respuestas de las práctias B y C están incluidos en el apéndice.

⑤ Ejercicios

Hay cuatro tipos de ejercicios: de comprensión auditiva, de gramática, de lectura y de desarrollo de textos. Los de comprensión auditiva constan de preguntas cortas y de preguntas para confirmar que se han comprendido los puntos importantes de un diálogo corto. Los ejercicios de gramática sirven para confirmar la comprensión del vocabulario y de los principales puntos gramaticales de cada lección. En los de lectura los estudiantes tienen que leer textos que contienen el vocabulario y la gramática estudiados y hacer diversas tareas acerca del contenido de estos. En los de desarrollo de textos deben escribir o hablar sobre un tema relacionado con el Texto de lectura. En este libro se ha prestado especial atención a la separación de las palabras (*wakachikaki*) por motivos pedagógicos. No obstante, en los textos de lectura del ***Minna no Nihongo Shokyu II*** se ha prescindido de tal separación para que los estudiantes vayan acostumbrándose a este tipo de textos de cara al nivel intermedio.

⑥ Revisión

Este punto fue preparado para que el estudiante ponga en orden los aspectos relevantes de la enseñanza expuestos en varias lecciones.

⑦ Repaso de los adverbios, las conjunciones y las expresiones de conversación

En este punto fueron preparados los ejercicios para que el estudiante ponga en orden los adverbios, las conjunciones y las expresiones de conversación expuestos en este libro.

2) Formas de los verbos

Las formas verbales que se presentan en este libro (incluido el ***Minna no Nihongo Shokyu I***) se han agrupado e insertado con las oraciones que vienen a continuación de las mismas.

3) **Lista de los puntos de aprendizaje**

Los puntos de aprendizaje presentados en este libro fueron organizados principalmente para la práctica A. Es posible entender las frases modelo y los ejemplos de oraciones así como su relación con la práctica B y la práctica C.

4) **Índice de búsqueda general**

El vocabulario y las expresiones idiomáticas nuevos de cada lección, de la 1 a la 50, se presentan indicando la lección en la que aparecen por primera vez.

5) **CD**

En el CD que acompaña al Libro de texto principal, se encuentran grabados los diálogos citados en cada lección, así como las partes de los ejercicios de escucha.

2. **Traducción y notas gramaticales**

Se presentan los siguientes puntos de la lección 26 a la 50:

① Palabras y expresiones que aparecen por primera vez y su traducción

② Traducción de frases modelo, ejemplos de oraciones y diálogos

③ Vocabulario de referencia útil para el aprendizaje de la lección pertinente y presentación breve de situaciones relacionadas en Japón

④ Explicaciones gramaticales relacionadas con las frases modelo y las expresiones

III. Tiempo dedicado al aprendizaje

Se tiene como ideal dedicar 150 horas en total, o sea, de 4 a 6 horas para cada lección.

IV. Número de palabras

El libro cuenta con aproximadamente 1.000 palabras seleccionadas de acuerdo con el mayor grado de utilización en la vida cotidiana.

V. Uso de *kanji*

En principio, los caracteres chinos (*kanji*) aquí adoptados son aquellos mencionados en la lista Joyo Kanji (lista de caracteres chinos de uso común) publicada por el gabinete de gobierno de Japón en el año 1981.

1) Las palabras 熟字訓 (palabras compuestas de dos o más *kanji* cuya lectura presenta una excepción a la regla) que aparecen en la lista Joyo Kanji se encuentran escritas en *kanji*.

Ejemplos: 友達 amigo　果物 fruta　眼鏡 anteojos

2) Con respecto a los nombres propios de países o lugares o términos propios de arte, cultura, etc., estos están indicados en *kanji* aunque tengan excepciones en su lectura y no consten en la lista Joyo Kanji.

Ejemplos: 大阪 Osaka　奈良 Nara　歌舞伎 kabuki

3) Teniendo por objetivo facilitar la lectura del estudiante, algunas palabras están indicadas en *hiragana*.

Ejemplos: ある(有る・在る)　tener, poseer/existir, ser, estar
たぶん(多分)　posiblemente, quizás　きのう(昨日)　ayer

4) En principio, los numerales empleados se representan con algoritmos arábigos.

Ejemplos: 9時　las nueve horas　4月1日　el uno de abril
1つ　un(o) (una cosa)

VI. Otros

1) Las palabras indicadas entre [ ] son aquellas que se pueden omitir en la oración.

Ejemplo: 父は 54[歳]です。　Mi padre tiene 54 años.

2) Las palabras indicadas entre ( ) son sinónimos que pueden sustituir la palabra antes mencionada.

Ejemplo: だれ(どなた)　quién

MÉTODO DE UTILIZACIÓN EFICIENTE DEL LIBRO

1. Aprenda bien las palabras

Las palabras nuevas que aparecen en las lecciones y su traducción se encuentran en el libro "Traducción y notas gramaticales". Se recomienda practicarlas haciendo frases cortas.

2. Practique las frases modelo

Asegúrese de que entendió el significado de cada frase modelo y haga las prácticas A y B en voz alta, hasta dominar completamente el uso de las frases.

3. Practique los ejercicios de conversación

La práctica C consiste de diálogos cortos y concisos. No se limite a practicar solamente los diálogos básicos, sino que intente ampliar el uso de lo aprendido.
Los diálogos muestran diversas situaciones en las que un extranjero puede encontrarse al estar viviendo en Japón. Lea los diálogos con una buena entonación mientras escucha el CD, así será posible asimilarlos a un ritmo natural.

4. Confirme

Por último, resuelva los ejercicios que se encuentran al final de cada lección para confirmar que ha entendido correctamente el contenido.

5. Ponga en práctica lo aprendido

Intente hablar con ciudadanos japoneses usando lo que ha estudiado. Poner en práctica lo aprendido es la forma ideal de progresar.

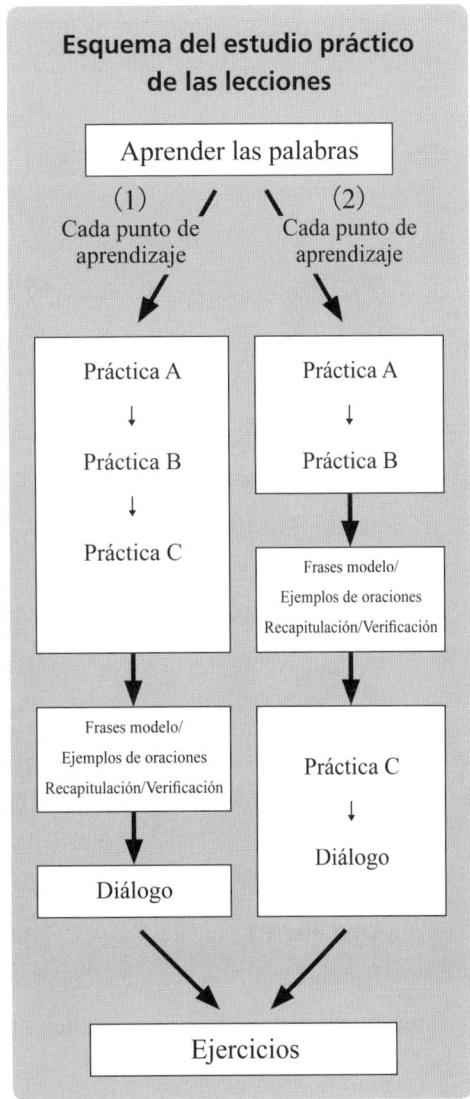

El aprendizaje se lleva a cabo a través del diagrama de flujo (1) o (2).
Confirme los puntos de aprendizaje en la lista que se encuentra al final del libro.

PERSONAJES

Mike Miller
Estadounidense,
empleado de la IMC

Suzuki Yasuo
Japonés,
empleado de la IMC

Nakamura Akiko
Japonesa, jefa de la sección
de ventas de la IMC

Lee Jin Ju
Surcoreana,
investigadora del AKC

Thawaphon
Tailandés, estudiante
de la Universidad Sakura

Karina
Indonesia, estudiante
de la Universidad Fuji

Ogawa Yone
Japonesa,
madre de Ogawa Hiroshi

Ogawa Hiroshi
Japonés,
vecino de Mike Miller

Ogawa Sachiko
Japonesa,
empleada de empresa

Karl Schmidt
Alemán, ingeniero
de la Power Electric Company

Klara Schmidt
Alemana,
profesora de alemán

Ito Chiseko
Japonesa, tutora
de la clase de Hans Schmidt
en la Escuela Primaria Himawari

Watanabe Akemi
Japonesa, empleada
de la Power Electric Company

Takahashi Toru
Japonés, empleado
de la Power Electric Company

Hayashi Makiko
Japonesa, empleada
de la Power Electric Company

John Watt
Británico, profesor de inglés
de la Universidad Sakura

Matsumoto Tadashi
Japonés, gerente
de departamento de la IMC en Osaka

Matsumoto Yoshiko
Japonesa, ama de casa

Hans
Alemán, estudiante
de primaria (12 años),
hijo de Karl y Klara Schmidt

Gupta
Indio, empleado
de la IMC

Kimura Izumi
Japonesa, locutora

※ IMC (empresa de *software*)
※ AKC (アジア研究センター：Instituto de Investigaciones de Asia)

ÍNDICE

NOTAS GRAMATICALES Y PALABRAS E INFORMACIONES DE REFERENCIA DE
みんなの日本語　初級Ⅰ　第２版 ··· 2
TÉRMINOS UTILIZADOS EN LA INSTRUCCIÓN ··· 6
NORMAS UTILIZADAS ·· 7

Lección 26 ·· 8

Ⅰ. Vocabulario
Ⅱ. Traducción
    Frases modelo y ejemplos de oraciones
    Diálogo:
        ¿Dónde debo tirar la basura?
Ⅲ. Palabras e informaciones de referencia
        Cómo tirar la basura

Ⅳ. Notas gramaticales
1. V ／ A-い　forma informal ／ A-な　forma informal ／ S　〜だ→〜な　んです
2. V forma-て いただけませんか
3. Término interrogativo + V forma-たら いいですか
4. S (objeto) は 好きです／嫌いです／上手です／下手です／あります, etc.

Lección 27 ·· 14

Ⅰ. Vocabulario
Ⅱ. Traducción
    Frases modelo y ejemplos de oraciones
    Diálogo:
        Ud. sabe hacer cualquier cosa, ¿verdad?
Ⅲ. Palabras e informaciones de referencia
        Tiendas de barrio

Ⅳ. Notas gramaticales
1. Verbos potenciales
2. Oraciones con verbos potenciales
3. 見えます y 聞こえます
4. できます
5. しか
6. S は (comparación)
7. は destaca palabras acompañadas de partículas

Lección 28 — 20

　Ⅰ. Vocabulario
　Ⅱ. Traducción
　　　Frases modelo y ejemplos de oraciones
　　　Diálogo:
　　　　Viajo mucho por trabajo, tengo exámenes...
　Ⅲ. Palabras e informaciones de referencia
　　　　Alquiler una vivienda
　Ⅳ. Notas gramaticales
　　　1. V₁（forma-ます）ながら V₂
　　　2. V forma-て います
　　　3. Forma informal し、forma informal し、〜
　　　4. それで
　　　5. 〜 とき + partícula

Lección 29 — 26

　Ⅰ. Vocabulario
　Ⅱ. Traducción
　　　Frases modelo y ejemplos de oraciones
　　　Diálogo:
　　　　Me he dejado olvidada una cosa
　Ⅲ. Palabras e informaciones de referencia
　　　　Estado y apariencia
　Ⅳ. Notas gramaticales
　　　1. V forma-て います
　　　2. V forma-て しまいました／しまいます
　　　3. S（lugar）に 行きます／来ます／帰ります
　　　4. それ／その／そう
　　　5. ありました
　　　6. どこかで／どこかに

Lección 30 — 32

　Ⅰ. Vocabulario
　Ⅱ. Traducción
　　　Frases modelo y ejemplos de oraciones
　　　Diálogo:
　　　　Tengo que dejar preparada una bolsa para emergencias
　Ⅲ. Palabras e informaciones de referencia
　　　　En caso de emergencia
　Ⅳ. Notas gramaticales
　　　1. V forma-て あります
　　　2. V forma-て おきます
　　　3. まだ + afirmativo
　　　4. とか
　　　5. Partícula indicadora de caso + も

Lección 31 — 38

　Ⅰ. Vocabulario
　Ⅱ. Traducción
　　　Frases modelo y ejemplos de oraciones
　　　Diálogo:
　　　　Pienso aprender a cocinar
　Ⅲ. Palabras e informaciones de referencia
　　　　Especialidades
　Ⅳ. Notas gramaticales
　　　1. Forma volitiva
　　　2. Uso de la forma volitiva
　　　3. V forma de diccionario ／ V（forma-ない）ない ｝ つもりです
　　　4. V forma de diccionario ／ S の ｝ 予定です
　　　5. まだ V forma-て いません
　　　6. 帰ります － 帰り

Lección 32 — 44

I. Vocabulario
II. Traducción
   Frases modelo y ejemplos de oraciones
   Diálogo:
   Es mejor que no se esfuerce demasiado
III. Palabras e informaciones de referencia
   Pronóstico meteorológico

IV. Notas gramaticales
1. V forma-た / V (forma-ない)ない } ほうが いいです
2. V / A-い } forma informal / A-な } forma informal / S 〜だ } でしょう
3. V / A-い } forma informal / A-な } forma informal / S 〜だ } かも しれません
4. V (forma-ます)ましょう
5. Cuantificador ＋ で
6. 何か 心配な こと

Lección 33 — 50

I. Vocabulario
II. Traducción
   Frases modelo y ejemplos de oraciones
   Diálogo:
   ¿Qué significa esto?
III. Palabras e informaciones de referencia
   Señales y letreros

IV. Notas gramaticales
1. Formas imperativa y prohibitiva
2. Uso de las formas imperativa y prohibitiva
3. 〜と 書いて あります／〜と 読みます
4. Xは Yと いう 意味です
5. "Oración" / Forma informal } と 言って いました
6. "Oración" / Forma informal } と 伝えて いただけませんか

Lección 34 — 56

I. Vocabulario
II. Traducción
   Frases modelo y ejemplos de oraciones
   Diálogo:
   Hágalo tal y como lo he hecho yo
III. Palabras e informaciones de referencia
   Cocina

IV. Notas gramaticales
1. V_1 forma-た / Sの } とおりに、V_2
2. V_1 forma-た / Sの } あとで、V_2
3. V_1 forma-て / V_1 (forma-ない)ないで } V_2

Lección 35 — 62

I. Vocabulario
II. Traducción
   Frases modelo y ejemplos de oraciones
   Diálogo:
   ¿Podría recomendarme un buen lugar?
III. Palabras e informaciones de referencia
   Proverbios y refranes

IV. Notas gramaticales
   1. Construcción de la forma condicional
   2. Forma condicional、～
   3. Interrogativo + V forma condicional いいですか
   4. Sなら、～
   5. ～は ありませんか
      (oración interrogativa negativa)

Lección 36 — 68

I. Vocabulario
II. Traducción
   Frases modelo y ejemplos de oraciones
   Diálogo:
   Procuro hacer ejercicio todos los días
III. Palabras e informaciones de referencia
   Salud

IV. Notas gramaticales
   1. V₁ forma de diccionario ｝ように、V₂
      V₁ (forma-ない)ない
   2. V forma de diccionario ように なります
   3. V forma de diccionario ｝ように します
      V (forma-ない)ない
   4. 早い→早く　上手な→上手に

Lección 37 — 74

I. Vocabulario
II. Traducción
   Frases modelo y ejemplos de oraciones
   Diálogo:
   El templo Kinkaku fue construido en el siglo XIV
III. Palabras e informaciones de referencia
   Accidentes e incidentes

IV. Notas gramaticales
   1. Verbos pasivos
   2. S₁ (persona₁)は S₂ (persona₂)に V pasivo
   3. S₁ (persona₁)は S₂ (persona₂)に S₃を V pasivo
   4. S (objeto/hecho)が／は V pasivo
   5. Sから／Sで つくります
   6. S₁の S₂
   7. この／その／あの S (posición)

Lección 38 — 80

I. Vocabulario
II. Traducción
   Frases modelo y ejemplos de oraciones
   Diálogo:
   Me gusta ordenar
III. Palabras e informaciones de referencia
   Posición y lugar

IV. Notas gramaticales
   1. Sustantivación con la partícula の
   2. V forma de diccionario のは A です
   3. V forma de diccionario のが A です
   4. V forma de diccionario のを 忘れました
   5. V forma informal のを 知って いますか
   6. V ⎫
      A-い ⎬ forma informal ⎫
      A-な ⎬ forma informal ⎬ のは S_2 です
      S_1 ⎭ ～だ→～な ⎭

Lección 39 — 86

I. Vocabulario
II. Traducción
   Frases modelo y ejemplos de oraciones
   Diálogo:
   Siento haber llegado tarde
III. Palabras e informaciones de referencia
   Sentimientos

IV. Notas gramaticales
   1. ～て(で)、～
   2. V ⎫
      A-い ⎬ forma informal ⎫
      A-な ⎬ forma informal ⎬ ので、～
      S ⎭ ～だ→～な ⎭
   3. 途中で

Lección 40 — 92

I. Vocabulario
II. Traducción
   Frases modelo y ejemplos de oraciones
   Diálogo:
   Me preocupa si mi hijo ha hecho amigos o no
III. Palabras e informaciones de referencia
   Unidades de medida, líneas, formas y estampados

IV. Notas gramaticales
   1. V ⎫
      A-い ⎬ forma informal ⎫
      A-な ⎬ forma informal ⎬ か、～
      S ⎭ ～だ ⎭
   2. V ⎫
      A-い ⎬ forma informal ⎫
      A-な ⎬ forma informal ⎬ か どうか、～
      S ⎭ ～だ ⎭
   3. V forma-て みます
   4. A-い(～い)→～さ
   5. ～でしょうか

Lección 41 — 98

I. Vocabulario
II. Traducción
   Frases modelo y ejemplos de oraciones
   Diálogo:
      Enhorabuena por su boda
III. Palabras e informaciones de referencia
      Información útil
IV. Notas gramaticales
   1. Expresiones referentes a dar y recibir
   2. Dar y recibir acciones
   3. V forma-て くださいませんか
   4. Sに V

Lección 42 — 104

I. Vocabulario
II. Traducción
   Frases modelo y ejemplos de oraciones
   Diálogo:
      ¿En qué va a gastar la paga extraordinaria?
III. Palabras e informaciones de referencia
      Artículos y herramientas de oficina
IV. Notas gramaticales
   1. V forma de diccionario / Sの 〉ために、〜
   2. V forma de diccionario の / S 〉に 〜
   3. Cuantificador ＋は／も
   4. 〜に よって

Lección 43 — 110

I. Vocabulario
II. Traducción
   Frases modelo y ejemplos de oraciones
   Diálogo:
      Parece que se lo pasa muy bien todos los días
III. Palabras e informaciones de referencia
      Personalidad y carácter
IV. Notas gramaticales
   1. 〜そうです
   2. V forma-て 来ます
   3. V forma-て くれませんか

Lección 44 — 116

I. Vocabulario
II. Traducción
   Frases modelo y ejemplos de oraciones
   Diálogo:
      Córteme el pelo como en esta foto
III. Palabras e informaciones de referencia
      Salón de belleza, peluquería y barbería
IV. Notas gramaticales
   1. V forma-ます / A-い(〜い) / A-な[な] 〉すぎます
   2. V forma-ます 〉やすいです／にくいです
   3. S_1 を { A-い(〜い)→〜く / A-な[な]→〜に / S_2に } します
   4. Sに します

Lección 45 — 122

Ⅰ. Vocabulario
Ⅱ. Traducción
   Frases modelo y ejemplos de oraciones
   Diálogo:
      ¿Qué hay que hacer en caso
      de equivocarse de ruta?
Ⅲ. Palabras e informaciones de
   referencia
      Hospital

Ⅳ. Notas gramaticales
  1. V forma de diccionario
     V (forma-ない)ない
     V forma-た　　　　　　　　 場合は、～
     A-い(～い)
     A-な[な]
     Sの
  2. V
     A-い　　forma informal
     A-な　　forma informal　　のに、～
     S　　　～だ→～な

Lección 46 — 128

Ⅰ. Vocabulario
Ⅱ. Traducción
   Frases modelo y ejemplos de oraciones
   Diálogo:
      Apenas la repararon
      la semana pasada, pero...
Ⅲ. Palabras e informaciones de
   referencia
      Origen de las palabras
      en *katakana*

Ⅳ. Notas gramaticales
  1. V forma de diccionario
     V forma-ている　　　　　ところです
     V forma-た
  2. V forma-た ばかりです
  3. V forma de diccionario
     V (forma-ない)ない
     A-い(～い)　　　　　　　　はずです
     A-な[な]
     Sの

Lección 47 — 134

Ⅰ. Vocabulario
Ⅱ. Traducción
   Frases modelo y ejemplos de oraciones
   Diálogo:
      He oído que se han prometido
Ⅲ. Palabras e informaciones de
   referencia
      Onomatopeyas

Ⅳ. Notas gramaticales
  1. Forma informal そうです
  2. V
     A-い　　forma informal
     A-な　　forma informal　～だ→～な　　ようです
     S　　　forma informal　～だ→～の
  3. 声／音／におい／味が します

Lección 48 140

　Ⅰ. Vocabulario
　Ⅱ. Traducción
　　　Frases modelo y ejemplos de oraciones
　　　Diálogo:
　　　　**¿Podría darme unos días
　　　　de permiso?**
　Ⅲ. Palabras e informaciones de
　　　referencia
　　　　Disciplina

　Ⅳ. Notas gramaticales
　　　1. Verbos causativos
　　　2. Oraciones con verbos causativos
　　　3. Uso de los verbos causativos
　　　4. V causativo forma-て いただけませんか

Lección 49 146

　Ⅰ. Vocabulario
　Ⅱ. Traducción
　　　Frases modelo y ejemplos de oraciones
　　　Diálogo:
　　　　¿Podría darle un recado?
　Ⅲ. Palabras e informaciones de
　　　referencia
　　　　**Festividades y celebraciones
　　　　durante las cuatro estaciones
　　　　del año**

　Ⅳ. Notas gramaticales
　　　1. 敬語（けいご）(Expresiones honoríficas)
　　　2. 尊敬語（そんけいご）(Expresiones respetuosas)
　　　3. Expresiones honoríficas y estilo de la
　　　　 oración
　　　4. 〜まして
　　　5. 〜ますので

Lección 50 152

　Ⅰ. Vocabulario
　Ⅱ. Traducción
　　　Frases modelo y ejemplos de oraciones
　　　Diálogo:
　　　　Se lo agradezco de corazón
　Ⅲ. Palabras e informaciones de
　　　referencia
　　　　Cómo escribir la dirección

　Ⅳ. Notas gramaticales
　　　1. 謙譲語（けんじょうご）Ⅰ
　　　　（Expresiones humildes del tipo I -
　　　　 verbos）
　　　2. 謙譲語（けんじょうご）Ⅱ
　　　　（Expresiones humildes del tipo II -
　　　　 verbos）

NOTAS GRAMATICALES Y PALABRAS E INFORMACIONES DE REFERENCIA DE
みんなの日本語　初級Ⅰ　第2版

Lección 1
1. S₁は S₂です
2. S₁は S₂じゃ（では）ありません
3. S₁は S₂ですか
4. S も
5. S₁の S₂
6. ～さん

Palabras e informaciones de referencia
Países, nacionalidades e idiomas

Lección 2
1. これ／それ／あれ
2. この S／その S／あの S
3. そうです
4. ～か、～か
5. S₁の S₂
6. の como sustituto del sustantivo
7. お～
8. そうですか

Palabras e informaciones de referencia
Nombres

Lección 3
1. ここ／そこ／あそこ／こちら／そちら／あちら
2. Sは lugarです
3. どこ／どちら
4. S₁の S₂
5. Tabla de términos demostrativos
   こ／そ／あ／ど
6. お～

Palabras e informaciones de referencia
Gran almacén

Lección 4
1. 今 －時－分です
2. Vます／Vません／Vました／Vませんでした
3. S（tiempo）に V
4. S₁から S₂まで
5. S₁と S₂
6. ～ね

Palabras e informaciones de referencia
Teléfono y cartas

Lección 5
1. S（lugar）へ 行きます／来ます／帰ります
2. どこ[へ]も 行きません／行きませんでした
3. S（vehículo）で 行きます／来ます／帰ります
4. S（persona/animal）と V
5. いつ
6. ～よ
7. そうですね

Palabras e informaciones de referencia
Días festivos

Lección 6
1. Sを V（transitivo）
2. Sを します
3. 何を しますか
4. なん y なに
5. S（lugar）で V
6. Vませんか
7. Vましょう
8. ～か

Palabras e informaciones de referencia
Comida

Lección 7

1. S (instrumento/medio) で V
2. "Palabra/oración" は ～語で 何ですか
3. S₁ (persona) に S₂ を あげます, etc.
4. S₁ (persona) に S₂ を もらいます, etc.
5. もう V ました
6. Omisión de partículas

Palabras e informaciones de referencia
Familia

Lección 8

1. Adjetivos
2. S は A-な[な]です
   S は A-い(～い)です
3. A-な[な] S
   A-い(～い) S
4. ～が、～
5. とても／あまり
6. S は どうですか
7. S₁ は どんな S₂ ですか
8. そうですね

Palabras e informaciones de referencia
Colores y sabores

Lección 9

1. S が あります／わかります
   S が 好きです／嫌いです／
   上手です／下手です
2. どんな S
3. よく／だいたい／たくさん／少し／
   あまり／全然
4. ～から、～
5. どうして

Palabras e informaciones de referencia
Música, deporte y cine

Lección 10

1. S が あります／います
2. Lugar に S が あります／います
3. S は lugar に あります／います
4. S₁ (objeto/persona/lugar) の S₂ (localización)
5. S₁ や S₂
6. アジアストアですか

Palabras e informaciones de referencia
En casa

Lección 11

1. Numerales
2. Uso del cuantificador
3. Cuantificador (período) に 一回 V
4. Cuantificador だけ／S だけ

Palabras e informaciones de referencia
Carta

Lección 12

1. Tiempos verbales, formas afirmativa y negativa de oraciones nominales y oraciones adjetivas-な
2. Tiempos verbales, formas afirmativa y negativa de oraciones adjetivas-い
3. S₁ は S₂ より A です
4. S₁ と S₂ と どちらが A ですか
   ……S₁／S₂ の ほうが A です
5. S₁ [の 中]で 何／どこ／だれ／いつ が いちばん A ですか
   ……S₂ が いちばん A です
6. A の (の como sustituto del sustantivo)

Palabras e informaciones de referencia
Festivales y lugares turísticos

Lección 13

1. S が 欲しいです
2. V（forma-ます）たいです
3. S（lugar）へ $\begin{Bmatrix} V（forma-ます） \\ S \end{Bmatrix}$ に 行きます／来ます／帰ります
4. どこか／何か
5. ご〜

Palabras e informaciones de referencia
En la ciudad

Lección 14

1. Grupos de verbos
2. V forma-て
3. V forma-て ください
4. V forma-て います
5. V（forma-ます）ましょうか
6. S が V
7. すみませんが

Palabras e informaciones de referencia
Estación

Lección 15

1. V forma-ても いいですか
2. V forma-ては いけません
3. V forma-て います
4. S に V
5. S₁ に S₂ を V

Palabras e informaciones de referencia
Profesión

Lección 16

1. Modo de conectar dos o más oraciones
2. V₁ forma-てから、V₂
3. S₁ は S₂ が A
4. S を V
5. どうやって
6. どれ／どの S

Palabras e informaciones de referencia
Cómo usar el cajero automático (ATM)

Lección 17

1. V forma-ない
2. V（forma-ない）ないで ください
3. V（forma-ない）なければ なりません
4. V（forma-ない）なくても いいです
5. Transformación del objeto en elemento principal
6. S（tiempo）までに V

Palabras e informaciones de referencia
Partes del cuerpo y enfermedades

Lección 18

1. V forma de diccionario
2. S
   V forma de diccionario こと $\Big\}$ が できます
3. わたしの 趣味は
   $\begin{Bmatrix} S \\ V \text{ forma de diccionario こと} \end{Bmatrix}$ です
4. V₁ forma de diccionario
   S の
   Cuantificador
   （período de tiempo） $\Big\}$ まえに、V₂
5. なかなか
6. ぜひ

Palabras e informaciones de referencia
Movimientos

Lección 19

1. V forma-た
2. V forma-た ことが あります
3. V₁ forma-たり、V₂ forma-たり します
4. A-い(～い)→～く
   A-な[な]→～に } なります
   Sに

Palabras e informaciones de referencia
  Cultura tradicional y ocio

Lección 20

1. Estilo cortés y estilo informal
2. Uso de los estilos cortés e informal
3. Conversación de estilo informal

Palabras e informaciones de referencia
  Diferentes maneras de dirigirse a la gente

Lección 21

1. Forma informal と 思います
2. "Oración"
   Forma informal } と 言います
3. V
   A-い } forma informal
   A-な } forma informal
   S   ～だ } でしょう？
4. S₁ (lugar) で S₂が あります
5. S (situación) で
6. Sでも V
7. V (forma-ない)ないと……

Palabras e informaciones de referencia
  Denominación de cargos

Lección 22

1. Sentencia modificadora del sustantivo
2. V forma de diccionario
   時間／約束／用事
3. V (forma-ます)ましょうか

Palabras e informaciones de referencia
  Ropas

Lección 23

1. V forma de diccionario
   V (forma-ない)ない
   A-い(～い)
   A-な[な]
   Sの } とき、～ (sentencia principal)
2. V forma de diccionario
   V forma-た } とき、～ (sentencia principal)
3. V forma de diccionario と、
   ～(sentencia principal)
4. Sが A
5. S を V (que indica movimiento)

Palabras e informaciones de referencia
  Carreteras y tráfico

Lección 24

1. くれます
2. V forma-て { あげます
               もらいます
               くれます
3. S₁は S₂が V

Palabras e informaciones de referencia
  Regalos que se acostumbra dar

Lección 25

1. Pretérito de la forma informal ら、
   ～(sentencia principal)
2. V forma-たら、～(sentencia principal)
3. V forma-て
   V(forma-ない)なくて
   A-い(～い)→～くて
   A-な[な]→～で
   Sで } も、～ (sentencia principal)
4. もし
5. Sujeto de la sentencia subordinada

Palabras e informaciones de referencia
  La vida de una persona

TÉRMINOS UTILIZADOS EN LA INSTRUCCIÓN

第一課 (だいいっか)	lección –
文型 (ぶんけい)	frase modelo
例文 (れいぶん)	ejemplo de oración
会話 (かいわ)	diálogo
練習 (れんしゅう)	práctica
問題 (もんだい)	ejercicio
答え (こたえ)	respuesta
読み物 (よみもの)	texto de lectura
復習 (ふくしゅう)	revisión
目次 (もくじ)	índice
索引 (さくいん)	índice de búsqueda general
文法 (ぶんぽう)	gramática
文 (ぶん)	oración
単語(語) (たんご/ご)	palabra
句 (く)	frase
節 (せつ)	sentencia/oración
発音 (はつおん)	pronunciación
母音 (ぼいん)	vocal
子音 (しいん)	consonante
拍 (はく)	sílaba
アクセント	acento
イントネーション	entonación
[か]行 (ぎょう)	fila- か
[い]列 (れつ)	columna- い
丁寧体 (ていねいたい)	estilo cortés
普通体 (ふつうたい)	estilo informal
活用 (かつよう)	conjugación/flexión
フォーム	forma
～形 (けい)	forma ～
修飾 (しゅうしょく)	modificación
例外 (れいがい)	excepción

名詞 (めいし)	sustantivo
動詞 (どうし)	verbo
自動詞 (じどうし)	verbo intransitivo
他動詞 (たどうし)	verbo transitivo
形容詞 (けいようし)	adjetivo
い形容詞 (いけいようし)	adjetivo-い
な形容詞 (なけいようし)	adjetivo-な
助詞 (じょし)	partícula
副詞 (ふくし)	adverbio
接続詞 (せつぞくし)	conjunción
数詞 (すうし)	numeral
助数詞 (じょすうし)	sufijo de conteo
疑問詞 (ぎもんし)	término interrogativo
名詞文 (めいしぶん)	oración nominal (predicado nominal)
動詞文 (どうしぶん)	oración verbal (predicado verbal)
形容詞文 (けいようしぶん)	oración adjetiva (predicado adjetival)
主語 (しゅご)	sujeto
述語 (じゅつご)	predicado
目的語 (もくてきご)	objeto
主題 (しゅだい)	elemento principal
肯定 (こうてい)	afirmativo
否定 (ひてい)	negativo
完了 (かんりょう)	perfecto
未完了 (みかんりょう)	imperfecto
過去 (かこ)	pretérito
非過去 (ひかこ)	no pasado (presente y futuro)
可能 (かのう)	potencial
意向 (いこう)	volitivo
命令 (めいれい)	imperativo
禁止 (きんし)	prohibitivo
条件 (じょうけん)	condicional
受身 (うけみ)	pasivo
使役 (しえき)	causativo
尊敬 (そんけい)	respetuoso
謙譲 (けんじょう)	humilde

NORMAS UTILIZADAS

1. **Tipos de señales utilizados en "I. Vocabulario"**

   ① 〜 : indica el lugar en el que se usa una palabra o una frase.
      Ejemplo: 〜から 来ました。 Soy de 〜./Vengo de 〜.

   ② － : indica el lugar en el que se introduce un número.
      Ejemplo: －歳　－ años de edad

   ③ Palabras y frases que pueden ser omitidas se indican entre corchetes [ ].
      Ejemplo: どうぞ よろしく ［お願いします］。
      　　　　　Mucho gusto en conocerlo(s)./Espero poder contar con su cooperación.

   ④ Si hay otra expresión alternativa, esta opción se indica entre paréntesis ( ).
      Ejemplo: だれ（どなた） quién

   ⑤ Las palabras marcadas con ＊ no son utilizadas en la lección, pero se presentan como palabras relacionadas.

   ⑥ En 〈会話〉 (Diálogo), se presentan las palabras y expresiones que aparecen en los diálogos.

   ⑦ En 〈読み物〉 (Texto de lectura) se presentan los vocablos y expresiones que aparecen en los textos de lectura.

   ⑧ ※ señala los nombres propios.

2. **Abreviaturas usadas en "IV. Notas gramaticales"**

S	Sustantivo (名詞)	Ejemplos: がくせい (estudiante)
		つくえ (escritorio)
A-い	Adjetivo-い (い形容詞)	Ejemplos: おいしい (delicioso, sabroso, rico)
		たかい (caro, alto)
A-な	Adjetivo-な (な形容詞)	Ejemplos: きれい［な］(hermoso, limpio)
		しずか［な］(silencioso)
V	Verbo (動詞)	Ejemplos: かきます (escribir)　たべます (comer)
O	Oración (文)	Ejemplos: これは 本です。 Esto es un libro.
		わたしは あした 東京へ 行きます。
		Voy a Tokio mañana.

Lección 26

I. Vocabulario

みますⅡ	見ます、診ます	revisar, inspeccionar, examinar
さがしますⅠ	探します、捜します	buscar
おくれますⅡ ［じかんに〜］	遅れます ［時間に〜］	llegar tarde [a una cita, etc.]
まに あいますⅠ ［じかんに〜］	間に 合います ［時間に〜］	llegar a tiempo [a una cita, etc.]
やりますⅠ		hacer
ひろいますⅠ	拾います	coger, recoger
れんらくしますⅢ	連絡します	avisar, comunicar, ponerse en contacto
きぶんが いい*	気分が いい	sentirse bien
きぶんが わるい	気分が 悪い	sentirse mal
うんどうかい	運動会	fiesta deportiva
ぼんおどり	盆踊り	baile de la fiesta *Bon*
フリーマーケット		mercadillo
ばしょ	場所	lugar
ボランティア		voluntario
さいふ	財布	cartera, monedero
ごみ		basura, desperdicios
こっかいぎじどう	国会議事堂	Palacio de la Dieta, Parlamento
へいじつ	平日	días laborables (de trabajo)
〜べん	〜弁	dialecto de 〜
こんど	今度	la próxima vez
ずいぶん		muy, bastante
ちょくせつ	直接	directamente
いつでも		a cualquier hora, en cualquier momento
どこでも*		en cualquier sitio, dondequiera
だれでも*		cualquier persona
なんでも*	何でも	cualquier cosa
こんな 〜*		como este, como esta, como esto
そんな 〜		como ese, como esa, como eso (indicando algún objeto visible que se encuentra cerca del oyente)
あんな 〜*		como aquel, como aquella, como aquello (indicando algún objeto visible que se encuentra lejos, tanto del hablante como del oyente)

※エドヤストア tienda ficticia

〈会話〉
片づきますⅠ［荷物が～］ [equipajes/bultos] ser puestos en orden
出しますⅠ［ごみを～］ sacar, tirar [la basura]
燃える ごみ basura combustible
置き場 depósito, lugar para poner algo
横 lado, ancho
瓶 botella de cristal
缶 lata
ガス gas
～会社 compañía de ～

〈読み物〉
宇宙 universo, espacio
～様 Sr(a). ～ (expresión respetuosa de ～さん)
宇宙船 nave espacial, astronave
怖い tener miedo a
宇宙ステーション estación espacial
違いますⅠ ser diferente
宇宙飛行士 astronauta
※星出彰彦 astronauta japonés (1968-)

II. Traducción

Frases modelo
1. Voy a viajar desde mañana.
2. Me gustaría aprender *ikebana* (arreglo floral). ¿Podría presentarme a un buen maestro?

Ejemplos de oraciones
1. Srta. Watanabe, Ud. habla a veces el dialecto de Osaka, ¿verdad?
   ¿Ha vivido en Osaka?
   ······Sí, viví en Osaka hasta los quince años.
2. El diseño de sus zapatos es interesante. ¿Dónde los compró?
   ······Los compré en la tienda Edoya. Son de España.
3. ¿Por qué ha llegado tarde?
   ······Porque no ha venido el autobús.
4. ¿Va mucho al karaoke?
   ······No, no voy mucho. Es que no me gusta el karaoke.
5. He escrito un informe en japonés. ¿Podría revisarlo, por favor?
   ······¡Sí, cómo no!
6. Me gustaría visitar el Palacio de la Dieta (el Parlamento). ¿Qué tengo que hacer para ello?
   ······Vaya directamente sin reserva previa. Puede visitarlo en cualquier día laboral.

Diálogo

¿Dónde debo tirar la basura?

Portero: Sr. Miller, ¿ha ordenado todas sus cosas en el apartamento tras la mudanza?
Miller: Sí, ya está casi todo en orden.
Oiga, quisiera tirar la basura. ¿Dónde debo hacerlo?
Portero: Tire la basura combustible los lunes y jueves por la mañana. El basurero está al lado del aparcamiento.
Miller: ¿Cuándo debo tirar las botellas de cristal y las latas?
Portero: Los sábados.
Miller: Entendido. Por cierto, no hay agua caliente.
Portero: Llame por teléfono a la compañía de gas; vendrán a solucionarlo inmediatamente.
Miller: ¿Podría darme el número de teléfono de la compañía de gas, por favor?
Portero: ¡Sí, cómo no!

III. Palabras e informaciones de referencia

ごみの出し方　Cómo tirar la basura

Con el fin de reducir la cantidad de basura y promover su reciclaje, los residuos domésticos se separan y se recogen en diferentes días. Los lugares y las fechas designados para la recogida de la basura varían según la zona. Por lo general, suele realizarse de la siguiente manera:

ごみ収集日のお知らせ
Información sobre los días de recogida de basuras

可燃ごみ（燃えるごみ）
Basura combustible
(residuos que se queman)

収集日：月曜日・木曜日
Días de recogida: lunes y jueves

生ごみ、紙くずなど
basura orgánica, papel, etc.

不燃ごみ（燃えないごみ）
Basura no combustible
(residuos que no se queman)

収集日：水曜日
Día de recogida: miércoles

ガラス製品、瀬戸物、金属製台所用品など
vidrio, cerámica, porcelana, utensilios de cocina de metal, etc.

資源ごみ
Basura reciclable

収集日：第2、第4火曜日
Días de recogida: el segundo y el cuarto martes de cada mes

缶、瓶、ペットボトルなど
latas, botellas de cristal y de plástico, etc.

粗大ごみ
Basura de grandes dimensiones

事前申し込み
Solicitud previa

家具、自転車など
muebles, bicicletas, etc.

IV. Notas gramaticales

1.
V	forma informal	
A-い	forma informal	んです
A-な	〜だ→〜な	
S		

   〜んです se usa en el lenguaje hablado, mientras que 〜のです se usa en el escrito.
   〜んです se emplea de la siguiente manera:

   1) 〜んですか

   （1）Cuando el hablante confirma o solicita una explicación sobre lo que él mismo ha visto u oído.

   ① （ぬれた傘を持っている人を見て）雨が降っているんですか。
   (Dirigiéndose a una persona que lleva un paraguas mojado) ¿Está lloviendo?

   （2）Cuando se solicita información más detallada sobre lo que el hablante ha visto u oído.

   ② おもしろいデザインの靴ですね。どこで買ったんですか。
   El diseño de sus zapatos es interesante. ¿Dónde los compró?

   （3）Cuando el hablante solicita al oyente que explique la razón o el motivo de lo que ha visto u oído.

   ③ どうして遅れたんですか。　　¿Por qué ha llegado tarde?

   （4）Cuando se solicita una explicación de una situación.

   ④ どうしたんですか。　　¿Qué le ha pasado?

   [Nota] Hay que tener cuidado con el uso de 〜んですか en casos en los que no es necesario, ya que se puede ofender al oyente.

   2) 〜んです

   （1）Cuando se dice la razón o el motivo como respuesta a frases con 〜んですか como las de los casos (3) y (4) anteriores.

   ⑤ どうして遅れたんですか。　　¿Por qué ha llegado tarde?
   ……バスが来なかったんです。　……Porque no ha venido el autobús.

   ⑥ どうしたんですか。
   ……ちょっと気分が悪いんです。
   ¿Qué le pasa?
   …… No me encuentro muy bien.

   （2）Cuando el hablante agrega la razón o el motivo de lo que ha dicho.

   ⑦ よくカラオケに行きますか。
   ……いいえ、あまり行きません。カラオケは好きじゃないんです。
   ¿Va mucho al karaoke?
   …… No, no voy mucho. Es que no me gusta el karaoke.

   [Nota] 〜んです no se usa en casos en los que sólo se describan hechos y no haya ninguna explicación sobre una razón o motivo, tal y como se muestra en el siguiente ejemplo:
   ×わたしはマイク・ミラーなんです。

3) 〜んですが、〜

〜んですが se usa para introducir un tema y suele ir seguido de una solicitud, una invitación o una expresión para pedir permiso. En este caso が hace las veces de conector de oraciones (véase la lección 14). Como en ⑩, las cláusulas que aparecen después de 〜んですが se omiten, a menudo, cuando su contenido es evidente para el hablante y el oyente.

⑧ 頭が 痛いんですが、帰っても いいですか。
　　Me duele la cabeza. ¿Puedo volver a casa?

⑨ 来週 友達と スキーに 行くんですが、ミラーさんも いっしょに 行きませんか。
　　La próxima semana voy a ir a esquiar con unos amigos. Sr. Miller, ¿por qué no viene con nosotros?

⑩ お湯が 出ないんですが……。　　No hay agua caliente.

2. | V forma- て いただけませんか | ¿Podría Ud. hacerme el favor de...?

Ésta es una expresión de solicitud más cortés que 〜て ください.

⑪ いい 先生を 紹介して いただけませんか。
　　¿Podría presentarme a un buen maestro?

3. | Término interrogativo + V forma- たら いいですか | ¿Qué/Cuándo/Dónde/Cuál/Cómo/Quién +puedo...?

Es una expresión para solicitar algún consejo o instrucción.

⑫ どこで カメラを 買ったら いいですか。
　　……ABC ストアが 安いですよ。
　　¿Dónde puedo comprar una cámara?
　　…… La tienda ABC es barata.

⑬ 国会議事堂を 見学したいんですが、どう したら いいですか。
　　…… 直接 行ったら いいですよ。
　　Me gustaría visitar el Palacio de la Dieta (el Parlamento). ¿Qué tengo que hacer para ello?
　　…… Puede visitarlo directamente sin reserva previa.

V forma- たら いいですよ sirve para aconsejarle o recomendarle algo al oyente, tal y como se puede ver en el ejemplo ⑬.

4. | S (objeto) は { 好きです／嫌いです　gustar/no gustar
上手です／下手です　ser bueno en/ser malo en } S
あります, etc.　tener, etc.

⑭ よく カラオケに 行きますか。
　　……いいえ、あまり 行きません。カラオケは 好きじゃ ないんです。
　　¿Va mucho al karaoke?
　　…… No, no voy mucho. Es que no me gusta el karaoke.

En el libro *Shokyu I* aprendimos que los objetos directos marcados con を pueden convertirse en elementos principales de una oración (véase la lección 17). El sustantivo con la partícula が, que es objeto de すきです y otras construcciones similares, puede ser también el elemento principal tal y como se observa en el ejemplo ⑭.

Lección 27

I. Vocabulario

かいます I	飼います	tener/criar (animales)
はしります I 　[みちを〜]	走ります 　[道を〜]	correr [por el camino]
みえます II 　[やまが〜]	見えます 　[山が〜]	verse [una montaña]
きこえます II 　[おとが〜]	聞こえます 　[音が〜]	oírse [un sonido]
できます II 　[みちが〜]	 　[道が〜]	fundarse, construirse [una calle], hacer (amigos), estar lista (la comida)
ひらきます I 　[きょうしつを〜]	開きます 　[教室を〜]	organizar, celebrar, realizar [una clase]
しんぱい[な]	心配[な]	preocupado
ペット		mascota
とり	鳥	pájaro, ave
こえ	声	voz, canto
なみ	波	ola, onda
はなび	花火	fuegos artificiales
どうぐ	道具	herramienta, instrumento, equipo
クリーニング		lavado (en seco)
いえ	家	casa, piso, departamento
マンション		condominio, edificio de pisos, edificio de apartamentos
キッチン		cocina
〜きょうしつ	〜教室	clase de 〜
パーティールーム		sala de fiestas
かた	方	persona (expresión respetuosa de ひと)
〜ご	〜後	después de 〜 (tiempo)
〜しか		no más que 〜, solamente 〜 (empleado con formas negativas)
ほかの		otro
はっきり		claramente

〈会話〉

家具 (かぐ)	muebles
本棚 (ほんだな)	estantería, estante
いつか	algún día
建てますⅡ (た)	construir
すばらしい	maravilloso

〈読み物〉

子どもたち (こ)	niños
大好き[な] (だいす)	favorito, preferido
主人公 (しゅじんこう)	protagonista, personaje principal
形 (かたち)	forma
不思議[な] (ふしぎ)	fantástico, mágico, extraño, misterioso
ポケット	bolsillo
例えば (たと)	por ejemplo
付けますⅡ (つ)	poner (poner algún objeto en algo más grande. Ej.: poner un botón en una camisa)
自由に (じゆう)	libremente
空 (そら)	cielo
飛びますⅠ (と)	volar
昔 (むかし)	en el pasado, antiguamente
自分 (じぶん)	mí mismo, ti mismo, sí mismo
将来 (しょうらい)	futuro
※ドラえもん	nombre de un personaje de una historieta cómica

II. Traducción

Frases modelo
1. Sé hablar un poco de japonés.
2. Se ve claramente una montaña.
3. Han abierto un gran supermercado frente a la estación.

Ejemplos de oraciones
1. ¿Sabe leer el periódico en japonés?
   ……No, no sé leerlo.
2. Se oyen pájaros cantar, ¿verdad?
   ……Sí, ya es primavera.
3. ¿Cuándo se construyó el templo Horyu?
   ……Se construyó en el año 607.
4. ¿Cuántos días de vacaciones de verano puede tomar Ud. en la Power Electric?
   ……Pues, unas tres semanas.
   ¡Qué bien! En mi empresa no puedo tomar más que una semana.
5. ¿Se pueden tener animales en este edificio de apartamentos?
   ……Sí, se pueden tener pájaros y peces, pero no perros ni gatos.

Diálogo
Ud. sabe hacer cualquier cosa, ¿verdad?
Miller: Este piso está bien; es luminoso.
Suzuki: Sí, se ve el mar cuando hace buen tiempo.
Miller: El diseño de esta mesa es interesante, ¿verdad? ¿Dónde la compró?
Suzuki: La hice yo mismo.
Miller: Oh, ¿de verdad?
Suzuki: Sí, es que me gusta hacer muebles.
Miller: Ah, entonces, ¿hizo también esa estantería?
Suzuki: Sí.
Miller: ¡Guau! Sr. Suzuki, Ud. sabe hacer cualquier cosa, ¿verdad?
Suzuki: Sueño con construirme una casa algún día.
Miller: Es un sueño maravilloso.

III. Palabras e informaciones de referencia

近(ちか)くの店(みせ) Tiendas de barrio

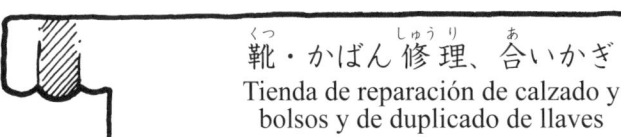

靴(くつ)・かばん修理(しゅうり)、合(あ)いかぎ
Tienda de reparación de calzado y bolsos y de duplicado de llaves

ヒール・かかと修理(しゅうり)	reparación de suelas y tacones
つま先(さき)修理(しゅうり)	reparación de las puntas del calzado
中敷(なかじ)き交換(こうかん)	cambio de plantillas
クリーニング	tintorería y/o lavandería
ファスナー交換(こうかん)	cambio de cremalleras
ハンドル・持(も)ち手(て)交換(こうかん)	cambio de asas
ほつれ・縫(ぬ)い目(め)の修理(しゅうり)	reparación de costuras y deshilachados
合(あ)いかぎ	duplicado de llaves

クリーニング屋(や) Tintorería y/o lavandería

ドライクリーニング	lavado en seco
水洗(みずあら)い	lavado en agua
染(し)み抜(ぬ)き	eliminación de manchas
はっ水加工(すいかこう)	acabado repelente al agua
サイズ直(なお)し	cambio de talla
縮(ちぢ)む	encoger
伸(の)びる	estirarse

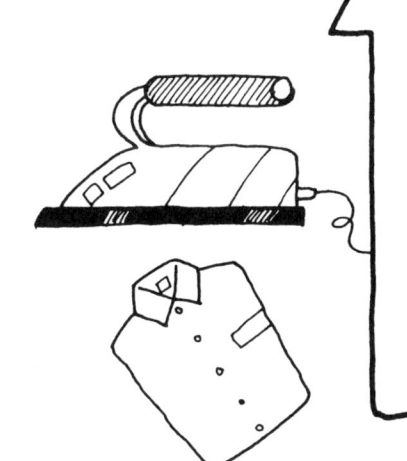

コンビニ Minisupermercado abierto las 24 horas

宅配便(たくはいびん)の受(う)け付(つ)け	servicio de mensajería
ATM	cajero automático
公共料金等(こうきょうりょうきんとう)の支払(しはら)い	servicio de pago de tarifas públicas (gas, electricidad, etc.)
コピー、ファクス	fotocopias y faxes
はがき・切手(きって)の販売(はんばい)	venta de tarjetas y sellos postales
コンサートチケットの販売(はんばい)	venta de entradas de conciertos

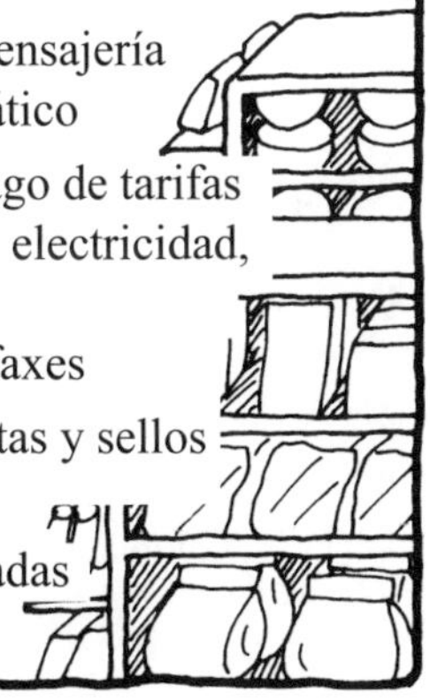

IV. Notas gramaticales

1. Verbos potenciales

En la lección 18 del libro *Shokyu I* aprendimos S/V-forma de diccionario + ことが できます para expresar posibilidad. En esta lección aprenderemos otra manera de hacerlo empleando los verbos potenciales.

		Verbos potenciales	
		forma cortés	forma informal
I	かきます	かけます	かける
	かいます	かえます	かえる
II	たべます	たべられます	たべられる
III	きます	こられます	こられる
	します	できます	できる

(Véase la práctica A1 de la lección 27 del Texto Principal)

Los verbos potenciales se conjugan como verbos del Grupo II.
Ejemplo: かえます　かえる　かえ(ない)　かえて
わかります, que de por sí expresa posibilidad, no cambia a わかれます.

2. Oraciones con verbos potenciales

1) Los verbos potenciales no expresan acciones sino situaciones. Los objetos de los verbos transitivos se indican mediante la partícula を. Sin embargo, cuando se trata de verbos potenciales, suele emplearse la partícula が.

① わたしは 日本語を 話します。　　Hablo japonés.
② わたしは 日本語が 話せます。　　Sé hablar japonés.

Las partículas no se modifican, excepto を.

③ 一人で 病院へ 行けますか。　　¿Puede ir solo al hospital?
④ 田中さんに 会えませんでした。　　No pude ver al Sr. Tanaka.

2) Los verbos potenciales tienen dos usos: expresar la habilidad de una persona (⑤) y la posibilidad de una acción en cierta circunstancia (⑥).

⑤ ミラーさんは 漢字が 読めます。　　El Sr. Miller sabe leer *kanji*.
⑥ この 銀行で ドルが 換えられます。　　Puede cambiar dólares en este banco.

3. 見えます y 聞こえます

みえます indica que algo se encuentra dentro del campo visual de uno, mientras que きこえます denota que se oye un sonido, tanto si se quiere como si no. En las oraciones en las que se emplean みえます y きこえます, los objetos de estos verbos se marcan con la partícula が. みえます y きこえます no se pueden utilizar cuando una persona ve o escucha algo por voluntad propia; en ese caso, se usan los verbos potenciales.

⑦ 新幹線から 富士山が 見えます。　　Se ve el monte Fuji desde el *Shinkansen*.
⑧ ラジオの 音が 聞こえます。　　Se oye una radio.

⑨ 新宿で 今 黒沢の 映画が 見られます。
　　Ahora se pueden ver en Shinjuku las películas de Kurosawa.
⑩ 電話で 天気予報が 聞けます。
　　Se puede escuchar el pronóstico meteorológico por teléfono.

4. できます

En este caso, できます significa "realizarse", "materializarse", "ser completado", "ser terminado", "ser hecho", etc.

⑪ 駅の 前に 大きい スーパーが できました。
　　Han abierto un gran supermercado frente a la estación.
⑫ 時計の 修理は いつ できますか。
　　¿Para cuándo estará arreglado el reloj?

5. しか

しか se emplea junto a sustantivos, cuantificadores, etc., siempre en predicados negativos. しか destaca la palabra a la que acompaña y niega el resto. Cuando se emplea con sustantivos que llevan la partícula が o を, ésta se omite. Cuando aparece alguna otra partícula, しか se coloca después de ella. しか transmite un matiz de que algo es insuficiente.

⑬ ローマ字しか 書けません。　　No sé escribir en otro alfabeto más que el latino.
⑭ ローマ字だけ 書けます。　　　Sólo sé escribir en alfabeto latino.

6. S は (comparación)

Además de expresar el elemento principal, は sirve para indicar una comparación.

⑮ ワインは 飲みますが、ビールは 飲みません。
　　Bebo vino, pero no cerveza.
⑯ きのうは 山が 見えましたが、きょうは 見えません。
　　Ayer se veían las montañas, pero hoy no.

7. は destaca palabras acompañadas de partículas

En la Columna 1 del libro *Shokyu I* (pág. 160) se explica que が y を se omiten cuando は se emplea junto a sustantivos acompañados de estas partículas. Cuando aparecen otras partículas que no son が ni を, は se coloca detrás de ellas.

⑰ 日本では 馬を 見る ことが できません。
　　En Japón es difícil ver caballos. (lección 18)
⑱ 天気の いい 日には 海が 見えるんです。
　　Se ve el mar cuando hace buen tiempo.
⑲ ここからは 東京スカイツリーが 見えません。
　　Desde aquí no se ve la torre Tokyo Skytree.

Lección 28

I. Vocabulario

うれますⅡ ［パンが～］	売れます	venderse [el pan]
おどりますⅠ	踊ります	bailar
かみますⅠ		masticar, morder
えらびますⅠ	選びます	elegir, escoger
かよいますⅠ ［だいがくに～］	通います ［大学に～］	ir [a la universidad] (se emplea cuando se va regularmente a un sitio determinado con el mismo significado que "frecuentar")
メモしますⅢ		tomar notas, anotar
まじめ［な］		serio
ねっしん［な］	熱心［な］	entusiasmado, diligente
えらい	偉い	respetable, admirable
ちょうど いい		venir bien, venir justo, ser apropiado
けしき	景色	paisaje
びよういん	美容院	salón de belleza, peluquería
だいどころ	台所	cocina
けいけん	経験	experiencia (～が あります：tener experiencia, ～を します：tener/vivir experiencia)
ちから	力	fuerza
にんき	人気	popularidad（［がくせいに］～が あります：ser popular [entre los estudiantes]）
かたち	形	forma, figura
いろ	色	color
あじ	味	sabor
ガム		chicle
しなもの	品物	artículos, mercancías, productos
ねだん	値段	precio
きゅうりょう	給料	sueldo, salario
ボーナス		paga extra, gratificación, prima, bonificación
ゲーム		juego, videojuego
ばんぐみ	番組	programa
ドラマ		drama, serie de televisión
かしゅ	歌手	cantante
しょうせつ	小説	novela
しょうせつか	小説家	novelista

〜か	〜家	experto en 〜 (sufijo que indica la profesión u ocupación en campos académicos y artísticos a semejanza de "-ista", "-ero" y "-or")
〜き	〜機	máquina 〜 (sufijo que indica maquinaria)
むすこ	息子	(mi) hijo
むすこさん*	息子さん	(tu/su) hijo
むすめ	娘	(mi) hija
むすめさん*	娘さん	(tu/su) hija
じぶん	自分	el propio, sí mismo
しょうらい	将来	futuro
しばらく		un rato
たいてい		usualmente, casi siempre
それに		además, y
それで		por eso, por lo tanto

〈会話〉

[ちょっと] お願いが あるんですが。	Quisiera pedirle un favor.
実は	pues, en realidad, a decir verdad
会話	conversación
うーん	Esto..., pues...

〈読み物〉

お知らせ	aviso
参加しますⅢ	participar
日にち	fecha
土	sábado
体育館	gimnasio
無料	gratis
誘いますⅠ	invitar
イベント	evento

II. Traducción

Frases modelo
1. Como escuchando música.
2. Corro todas las mañanas.
3. El metro es rápido y barato. Por eso, vayamos en metro.

Ejemplos de oraciones
1. Cuando tengo sueño, conduzco masticando chicle.
   ……¡Ah!, ¿sí? Yo paro el coche y duermo un rato.
2. ¿Escucha música mientras estudia?
   ……No. Cuando estudio, no escucho música.
3. Él estudia en la universidad y, al mismo tiempo, trabaja.
   ……¡Ah!, ¿sí? Tiene mucho mérito.
4. ¿Qué suele hacer Ud. los días de descanso?
   ……Bueno, casi siempre me dedico a pintar.
5. El profesor Watt es diligente, gracioso y tiene experiencia.
   ……Es buen profesor, ¿verdad?
6. ¿Viene mucho a este restaurante de *sushi*?
   ……Sí. Este restaurante es barato y el pescado es fresco, por eso vengo mucho.
7. ¿Por qué eligió Ud. la Universidad Fuji?
   ……Elegí la Universidad Fuji porque es famosa y tiene muchos profesores buenos. Además, dispone de residencia de estudiantes.

Diálogo

Viajo mucho por trabajo, tengo exámenes...

Ogawa Sachiko:	Sr. Miller, quisiera pedirle un favor.
Miller:	¿De qué se trata?
Ogawa Sachiko:	Pues es que en agosto voy a ir a Australia y voy a alojarme con una familia.
Miller:	¿Así que va a alojarse con una familia en Australia? ¡Qué bien!
Ogawa Sachiko:	Sí. Por eso ahora estoy aprendiendo inglés con un amigo.
Miller:	¿Sí?
Ogawa Sachiko:	Sin embargo, apenas mejoro. No tengo profesor, ni oportunidad de hablar en inglés. Sr. Miller, ¿podría ser mi profesor de conversación, por favor?
Miller:	¿Eh? ¿Profesor yo? Es que mi trabajo...
Ogawa Sachiko:	Cuando tenga tiempo, aunque sea tomando algo...
Miller:	Viajo mucho por trabajo y pronto tengo exámenes de japonés...
Ogawa Sachiko:	¿De verdad?
Miller:	Lo siento.

III. Palabras e informaciones de referencia

うちを借りる　Alquiler una vivienda

Cómo interpretar la información sobre una vivienda

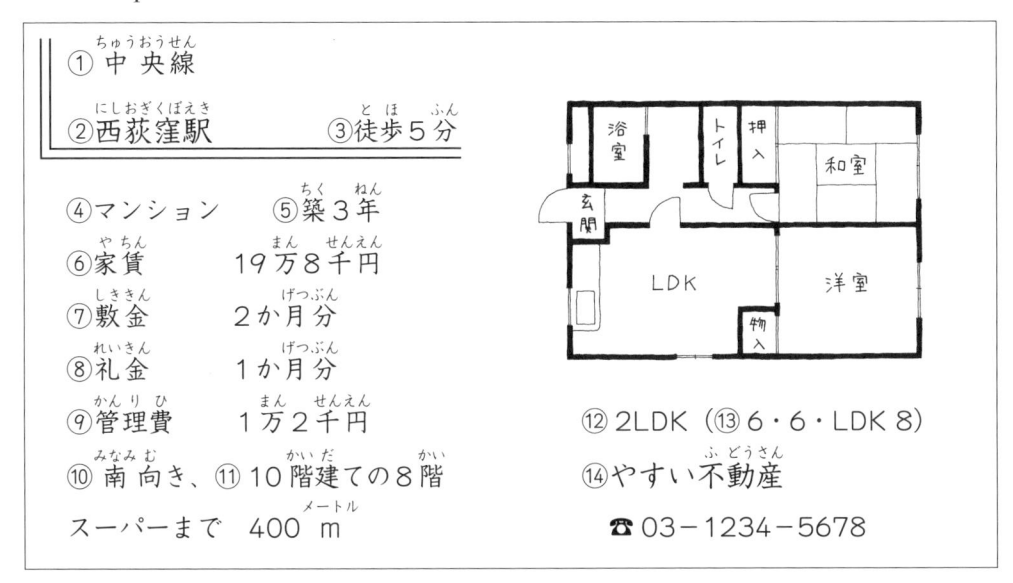

```
① 中央線
② 西荻窪駅        ③ 徒歩5分
④ マンション    ⑤ 築3年
⑥ 家賃    19万8千円
⑦ 敷金    2か月分
⑧ 礼金    1か月分
⑨ 管理費    1万2千円
⑩ 南向き、⑪ 10階建ての8階
スーパーまで    400 m
⑫ 2LDK (⑬ 6・6・LDK 8)
⑭ やすい不動産
☎ 03-1234-5678
```

① línea de tren
② estación más cercana
③ a 5 minutos a pie de la estación
④ edificio de pisos de hormigón armado
　※ アパート　　　　　edificio de apartamentos de madera de una o dos plantas
　　一戸建て　　　　　casa unifamiliar
⑤ vivienda construida hace tres años
⑥ alquiler
⑦ depósito, fianza
　※ Cantidad de dinero que se le da al propietario como fianza o depósito. En principio, el dueño le devuelve al inquilino una parte del dinero entregado cuando éste decide dejar la vivienda.
⑧ dinero de agradecimiento
　※ Cantidad de dinero que se le da al propietario como muestra de gratitud por permitir que uno alquile su vivienda.
⑨ gastos de comunidad y mantenimiento
⑩ vivienda orientada al sur
⑪ octavo piso de un edificio de diez plantas
⑫ salón-comedor, cocina y dos dormitorios
⑬ 6 *tatamis* (= 6 畳)
　※ "畳" es una unidad de medida que se utiliza para indicar las dimensiones de una habitación. 1 畳 equivale al tamaño de un *tatami* (aproximadamente 180 × 90 cm).
⑭ agencia inmobiliaria

IV. Notas gramaticales

1. V_1 (forma- ます) ながら V_2

Esta frase modelo se emplea cuando un mismo sujeto realiza la acción indicada por el V_2 y la expresada por el V_1 al mismo tiempo. La acción indicada por el V_2 es la principal.

① 音楽を 聞きながら 食事します。
   Como escuchando música.

Esta frase modelo se usa también cuando las dos acciones se ejecutan de forma continuada durante un determinado período de tiempo, tal y como indica el ejemplo ②.

② 働きながら 日本語を 勉強して います。
   Estudio japonés y, al mismo tiempo, trabajo.

2. V forma- て います

Esta frase modelo sirve para expresar acciones habituales. Cuando se quiere expresar una acción habitual en el pasado, se utiliza V forma- て いました.

③ 毎朝 ジョギングを して います。
   Corro todas las mañanas.

④ 子どもの とき、毎晩 8時に 寝て いました。
   Cuando era niño, me acostaba a las ocho todos los días.

3. Forma informal し、forma informal し、～

1) Esta frase modelo se emplea para citar dos o más cuestiones similares relacionadas con el elemento principal. En el ejemplo ⑤ se puede observar que las cuestiones similares, esto es, todo lo descrito, hacen referencia a las virtudes de una misma persona.

⑤ 鈴木さんは ピアノも 弾けるし、歌も 歌えるし、ダンスも できます。
   El Sr. Suzuki sabe tocar el piano, cantar y bailar.

Esta frase modelo puede incluir el sentimiento del hablante que, además de describir un aspecto relativo a un asunto, desea añadir otra cuestión. En ese caso, es frecuente utilizar la partícula も. Cuando se quiere hacer énfasis en este último significado, se emplea también それに, como se puede ver a continuación en el ejemplo ⑥.

⑥ 田中さんは まじめだし、中国語も 上手だし、それに 経験も あります。
   El Sr. Tanaka es serio y habla bien chino. Además, tiene experiencia.

2) La parte ～し、～し de esta frase modelo se puede usar también para expresar la razón de lo que viene después.

⑦ ここは 値段も 安いし、魚も 新しいし、よく 食べに 来ます。
   Este restaurante es barato y el pescado es fresco, por eso vengo mucho.

Cuando el hablante expresa razones usando esta frase modelo, a veces no dice su resultado o consecuencia si se entiende por el contexto.

⑧ どうして この 店へ 来るんですか。
   ……ここは 値段も 安いし、魚も 新しいし……。
   ¿Por qué viene a este restaurante?
   …… Porque es barato y el pescado es fresco...

También se puede sustituir el último し por から, que expresa la razón.

⑨ どうして 日本の アニメが 好きなんですか。
…… 話も おもしろいし、音楽も すてきですから。

¿Por qué le gustan los dibujos animados japoneses?
…… Porque las historias son interesantes y la música es bonita.

4. それで

それで se emplea cuando se expresa un resultado o consecuencia de algo mencionado con anterioridad.

⑩ 将来 小説家に なりたいです。それで 今は アルバイトを しながら 小説を 書いて います。

En el futuro quiero ser novelista. Por eso, ahora estoy escribiendo una novela y, al mismo tiempo, trabajo por horas.

⑪ ここは コーヒーも おいしいし、食事も できるし……。
……それで 人気が あるんですね。

En este sitio el café está bueno y se puede comer también.
…… Por eso es popular, ¿verdad?

5. ～とき + partícula

とき que estudiamos en la lección 23 es un sustantivo y se puede utilizar acompañado de partículas.

⑫ 勉強する ときは、音楽を 聞きません。

Cuando estudio, no escucho música.

⑬ 疲れた ときや 寂しい とき、よく 田舎の 青い 空を 思い出す。

Cuando estoy cansado o me siento solo, me acuerdo mucho del cielo azul de mi tierra natal. (lección 31)

Lección 29

I. Vocabulario

あきます I [ドアが〜]	開きます	abrirse [una puerta]
しまります I [ドアが〜]	閉まります	cerrarse [una puerta]
つきます I [でんきが〜]	[電気が〜]	encenderse [la luz]
きえます II * [でんきが〜]	消えます [電気が〜]	irse, apagarse [la luz]
こわれます II [いすが〜]	壊れます	averiarse, romperse [una silla]
われます II [コップが〜]	割れます	romperse [un vaso]
おれます II [きが〜]	折れます [木が〜]	romperse, quebrarse [un árbol]
やぶれます II [かみが〜]	破れます [紙が〜]	romperse, desgarrarse [el papel]
よごれます II [ふくが〜]	汚れます [服が〜]	ensuciarse [la ropa]
つきます I [ポケットが〜]	付きます	ser puesto [un bolsillo]
はずれます II [ボタンが〜]	外れます	salirse, caerse [un botón del ojal]
とまります I [くるまが〜]	止まります [車が〜]	pararse [un coche]
まちがえます II		equivocarse
おとします I	落とします	caérsele algo a alguien, perder
かかります I [かぎが〜]	掛かります	cerrarse [la llave]
ふきます I		limpiar (con un trapo, paño o bayeta)
とりかえます II	取り替えます	cambiar
かたづけます II	片づけます	poner en orden, arreglar, ordenar
[お]さら	[お]皿	plato
[お]ちゃわん *		taza (para el té), cuenco (para el arroz)
コップ		vaso
ガラス		vidrio (material), cristal
ふくろ	袋	bolsa
しょるい	書類	papel, documento
えだ	枝	rama
えきいん	駅員	empleado de estación, oficial de estación
こうばん	交番	puesto de policía
スピーチ		discurso (〜を します: pronunciar un discurso)

へんじ	返事	respuesta (～を します：responder)
おさきに どうぞ。	お先に どうぞ。	Váyase primero si lo desea.
※源氏物語		*La historia de Genji* (novela escrita por Murasaki Shikibu en la era Heian)

〈会話〉

今の 電車	el tren que acaba de salir
忘れ物	objetos perdidos, objetos olvidados
このくらい	(más o menos) de este tamaño
～側	lado de ～
ポケット	bolsillo
～辺	alrededor de ～
覚えて いません。	No lo recuerdo.
網棚	portaequipajes
確か	creo que, seguramente, si no recuerdo mal
[ああ、] よかった。	¡Qué bien!/¡Menos mal! (se emplea para expresar alivio)
※新宿	nombre de una estación y un barrio en Tokio

〈読み物〉

地震	terremoto, seísmo, sismo
壁	pared
針	manecilla (de un reloj), aguja, puntero
指します I	apuntar, indicar
駅前	el área enfrente de la estación
倒れます II	caerse, derrumbarse
西	oeste
～の 方	en la parte de ～, en dirección a ～, rumbo a ～, hacia ～
燃えます II	quemarse
レポーター	reportero

II. Traducción

Frases modelo
1. La ventana está cerrada.
2. Me he dejado olvidado el paraguas en el tren.

Ejemplos de oraciones
1. La sala de reuniones está cerrada con llave, ¿verdad?
   ······Entonces, vamos a pedirle a la Srta. Watanabe que la abra.
2. ¿Puedo usar este ordenador?
   ······Está estropeado. Use el que está allí.
3. ¿Dónde está el vino que trajo el Sr. Schmidt?
   ······Nos lo bebimos entre todos.
4. ¿Volvemos juntos?
   ······Lo siento, es que quiero terminar de escribir este email. Váyase primero si lo desea.
5. ¿Llegó a tiempo a su cita?
   ······No, llegué tarde. Es que me equivoqué de camino.
6. ¿Qué le pasa?
   ······Me he dejado olvidado el bolso en el taxi.

Diálogo

Me he dejado olvidada una cosa

Lee:	Disculpe, me he dejado olvidada una cosa en el tren que acaba de salir.
Empleado de la estación:	¿Qué se ha dejado olvidado?
Lee:	Un bolso azul de este tamaño... Tiene un bolsillo grande en el exterior.
Empleado de la estación:	¿Dónde lo ha dejado?
Lee:	No lo recuerdo exactamente, pero lo he puesto en el portaequipajes.
Empleado de la estación:	¿Qué tiene dentro?
Lee:	Pues... si no recuerdo mal, libros y un paraguas.
Empleado de la estación:	Bueno, voy a preguntar. Espere un momento, por favor. ··
Empleado de la estación:	Lo han encontrado.
Lee:	Ah, ¡qué bien!
Empleado de la estación:	Su bolso está en la estación de Shinjuku. ¿Qué va a hacer entonces?
Lee:	Ahora mismo voy allí a recuperarlo.
Empleado de la estación:	Entonces, vaya a la oficina de la estación de Shinjuku.
Lee:	Sí, muchas gracias.

III. Palabras e informaciones de referencia

状態・様子 (じょうたい・ようす) Estado y apariencia

太っている (ふと) gordo	やせている delgado	膨らんでいる (ふく) abultado	穴が開いている (あな・あ) agujereado
曲がっている (ま) doblado	ゆがんでいる deforme	へこんでいる abollado	ねじれている torcido
欠けている (か) desportillado	ひびが入っている (はい) agrietado	腐っている (くさ) podrido	
乾いている (かわ) seco	ぬれている mojado	凍っている (こお) congelado	

IV. Notas gramaticales

1. ☐ V forma- て います

La frase modelo V forma- て います sirve para expresar la situación resultante de una acción. Aunque la acción ya ha terminado, la situación se sigue produciendo ahora.

① 窓が 割れて います。　　　　　La ventana está rota.
② 電気が ついて います。　　　　La luz está encendida.

El ejemplo ① expresa que la acción de romper la ventana se produjo en el pasado y que su consecuencia perdura, ya que la ventana está rota en el presente.

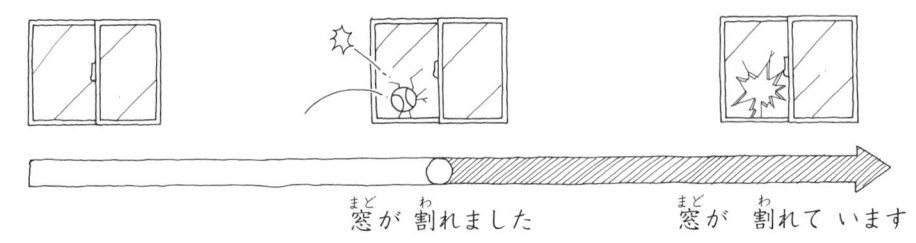

窓が 割れました　　　　窓が 割れて います

En esta frase modelo se emplean verbos como あきます, しまります, つきます, きえます, こわれます y われます, que expresan los cambios que se producen antes y después de la acción que representan.

Cuando el hablante describe una situación que se produce ante sí tal y como la ve, el sujeto de la acción se indica mediante la partícula が, como en los ejemplos ① y ②.

Cuando se quiere tratar el sujeto de un acto o acción como elemento principal, se indica con la partícula は, como se muestra en el ejemplo ③.

③ この いすは 壊れて います。　　Esta silla está rota.

2. ☐ V forma- て しまいました／しまいます

V forma- て しまいました es una expresión que enfatiza que una acción fue completada. V forma- て しまいます expresa que la acción será completada en un determinado momento del futuro.

④ シュミットさんが 持って 来た ワインは みんなで 飲んで しまいました。
　　Nos bebimos entre todos el vino que trajo el Sr. Schmidt.
⑤ 漢字の 宿題は もう やって しまいました。
　　Ya he hecho los deberes de *kanji*.
⑥ 昼ごはんまでに レポートを 書いて しまいます。
　　Tengo la intención de terminar de escribir el informe antes del almuerzo.

V forma- て しまいました puede expresar el arrepentimiento o el sentimiento de lástima del hablante, tal y como se muestra en los ejemplos ⑦ y ⑧.

⑦ パスポートを なくして しまいました。　Perdí el pasaporte.
⑧ パソコンが 故障して しまいました。　　Se me estropeó el ordenador.

3. ☐ S(lugar)に 行きます／来ます／帰ります

En el ejemplo ⑨ (véase la práctica C3) se usa la partícula に, que marca el punto de llegada, en lugar de へ, que señala el rumbo. Con verbos como いきます, きます y かえります es posible emplear tanto へ como に junto a sustantivos de lugar.

⑨ どこかで 財布を 落として しまったんです。
……それは 大変ですね。すぐ 交番に 行かないと。

He perdido la cartera en algún lugar.
…… ¡Eso sí que es un problema! Tiene que ir pronto a un puesto de policía.

4. それ／その／そう

En la lección 2 aprendimos los demostrativos para designar objetos que se encuentran en ese determinado lugar. En esta lección estudiaremos el uso de それ, その y そう para referirse a elementos mencionados en las locuciones del oyente o en un texto.

1) En una conversación

それ en los ejemplos ⑩ y ⑪, その en el ⑫ y そう en el ⑬ hacen referencia a algo que el oyente acaba de decir.

⑩ どこかで 財布を 落として しまったんです。
……それは 大変ですね。すぐ 交番に 行かないと。

He perdido la cartera en algún lugar.
…… ¡Eso sí que es un problema! Tiene que ir pronto a un puesto de policía.

⑪ 来月から 大阪の 本社に 転勤なんです。
……それは おめでとう ございます。

El mes que viene me trasladarán a la oficina central, en Osaka.
…… ¿A la oficina central? ¡Felicidades! (lección 31)

⑫ あのう、途中で やめたい 場合は？
……その 場合は、近くの 係員に 名前を 言って、帰って ください。

Esto... ¿en caso de querer dejar la carrera a mitad de camino?
…… En ese caso, dígale su nombre a la persona encargada más cercana y váyase. (lección 45)

⑬ うちへ 帰って、休んだ ほうが いいですよ。　Es mejor que vuelva a casa y descanse.
……ええ、そう します。　　　　　　　　　　……Sí, eso haré. (lección 32)

2) En un texto

En el ejemplo ⑭ その hace referencia al contenido de la frase anterior.

⑭ 一人で コンサートや 展覧会に 出かけると、いいでしょう。その とき 会った 人が 将来の 恋人に なるかも しれません。

Recomiendo que vaya sola a conciertos y exposiciones. La persona que uno conoce en esas situaciones puede convertirse algún día en su novio. (lección 32)

5. ありました

⑮ ［かばんが］ありましたよ。　　　　　　Lo han encontrado [el bolso].

El hablante usa aquí ありました para señalar que el hablante ha confirmado que encontraron el bolso, no para indicar que el bolso estuvo en el pasado.

6. どこかで／どこかに

Las partículas へ y を se pueden omitir cuando acompañan a どこか y なにか, pero no で en どこかで ni に en どこかに.

⑯ どこかで 財布を なくして しまいました。　He perdido la cartera en algún lugar.
⑰ どこかに 電話が ありますか。　　　　　　¿Hay un teléfono en algún lugar?

Lección 30

I. Vocabulario

はります I		pegar, fijar
かけます II	掛けます	colgar
かざります I	飾ります	adornar, decorar
ならべます II	並べます	poner (en fila), colocar
うえます II	植えます	plantar
もどします I	戻します	devolver, reponer
まとめます II		reunir, juntar, resumir, compilar
しまいます I		poner en su lugar, guardar
きめます II	決めます	determinar, decidir
よしゅうします III	予習します	preparar la lección
ふくしゅうします III	復習します	repasar la lección
そのままに します III		dejar las cosas como están
じゅぎょう	授業	clase
こうぎ	講義	conferencia, clase
ミーティング		reunión
よてい	予定	plan, programa
おしらせ	お知らせ	aviso
ガイドブック		guía
カレンダー		calendario
ポスター		cartel, letrero, póster
よていひょう	予定表	programa, horario, agenda
ごみばこ	ごみ箱	papelera, cubo de la basura
にんぎょう	人形	muñeca (muñeco)
かびん	花瓶	florero
かがみ	鏡	espejo
ひきだし	引き出し	cajón
げんかん	玄関	vestíbulo, entrada
ろうか	廊下	pasillo, corredor
かべ	壁	pared
いけ	池	charca, laguna, estanque
もとの ところ	元の 所	lugar original, donde estaban
まわり	周り	alrededor
まんなか*	真ん中	centro
すみ	隅	rincón, esquina
まだ		todavía

〈会話〉

リュック	mochila
非常袋（ひじょうぶくろ）	bolsa para emergencias
非常時（ひじょうじ）	caso de emergencia
生活します Ⅲ（せいかつ）	subsistir, vivir
懐中電灯（かいちゅうでんとう）	linterna
〜とか、〜とか	〜, 〜, etc.

〈読み物〉

丸い（まる）	redondo
ある〜	un cierto 〜, un 〜
夢を見ます Ⅱ（ゆめ・み）	soñar
うれしい	feliz, alegre, contento
嫌［な］（いや）	desagradable, molesto, detestable
すると	y, entonces
目が覚めます Ⅱ（め・さ）	despertarse

II. Traducción

Frases modelo
1. En el puesto de policía hay pegado un mapa de la ciudad.
2. Voy a buscar información en Internet antes del viaje.

Ejemplos de oraciones
1. Los baños nuevos de la estación son interesantes.
   ······¡Ah!, ¿sí?
   En las paredes hay pintados flores y animales.
2. ¿Dónde está el celo?
   ······Está guardado en aquel cajón.
3. ¿Quiere que le reserve una habitación de hotel para el viaje por trabajo del próximo mes?
   ······Sí, por favor.
4. Cuando termine de usar las tijeras, vuelva a ponerlas donde estaban, por favor.
   ······Sí, entendido.
5. ¿Puedo guardar los materiales?
   ······No, déjelos como están.
   Todavía estoy usándolos.

Diálogo

Tengo que dejar preparada una bolsa para emergencias

Miller: ¡Hola!
Suzuki: ¡Bienvenido! Pase, pase.
Miller: Tiene una mochila grande aquí.
         ¿Se va a la montaña?
Suzuki: No, es una bolsa para emergencias.
Miller: ¿Una bolsa para emergencias? ¿Y eso qué es?
Suzuki: Es una bolsa que contiene objetos que se usan en caso de emergencia.
         En ella hay guardadas cosas para subsistir unos tres días aunque no tenga luz ni gas.
Miller: ¿Agua y comida?
Suzuki: Sí, y otras cosas más: una linterna, una radio...
Miller: Yo también tengo que dejar preparada una.
Suzuki : En el supermercado venden bolsas para emergencias.
Miller: ¡Ah!, ¿sí? Entonces voy a dejar comprada una.

III. Palabras e informaciones de referencia

非常の場合　En caso de emergencia

〔1〕地震の場合　En caso de terremoto

1）備えが大切　Es importante estar preparado
① 家具が倒れないようにしておく
　　Fijar los muebles para que no se caigan.
② 消火器を備える・水を貯えておく
　　Disponer de extintores y de agua de reserva.
③ 非常袋を用意しておく
　　Tener preparada una bolsa para emergencias.
④ 地域の避難場所を確認しておく
　　Saber dónde se encuentra el refugio más cercano.
⑤ 家族、知人、友人と、もしもの場合の連絡先を決めておく
　　Consultar con familiares, amigos y conocidos cómo contactar en caso de emergencia.

2）万一地震が起きた場合　Cuando ocurre un terremoto
① 丈夫なテーブルの下にもぐる
　　Refugiarse debajo de una mesa sólida y resistente.
② 落ち着いて火の始末
　　Asegurarse sin perder la calma de que no hay ningún fuego encendido.
③ 戸を開けて出口の確保
　　Abrir las puertas para asegurar una salida.
④ 慌てて外に飛び出さない
　　No precipitarse a salir de la casa.

3）地震が収まったら　Cuando para el terremoto
　　正しい情報を聞く（山崩れ、崖崩れ、津波に注意）
　　Escuchar información correcta (Prestar atención a posibles deslizamientos de tierras y montañas, y maremotos).

4）避難する場合は　En caso de evacuación
　　車を使わず、必ず歩いて
　　No usar vehículos bajo ninguna circunstancia. Ir a pie.

〔2〕台風の場合　En caso de tifón
① 気象情報を聞く　　　Escuchar la información meteorológica.
② 家の周りの点検　　　Inspeccionar el exterior de la casa de uno.
③ ラジオの電池の備えを　Tener a mano pilas para la radio.
④ 水、緊急食品の準備　Disponer de una reserva de agua y alimentos para emergencias.

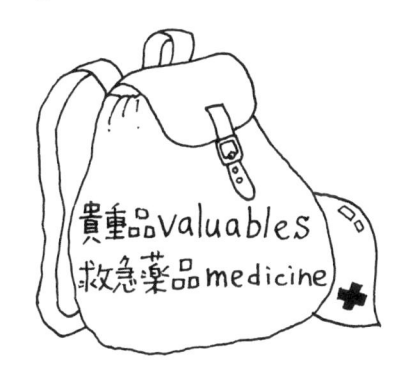

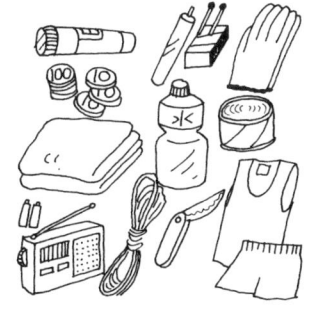

IV. Notas gramaticales

1. ⎡V forma- て あります⎦

V forma- て あります indica una situación resultante de una acción realizada intencionadamente por alguien. La situación que expresa esta frase modelo perdura tras la acción, y los verbos que se emplean en ella son transitivos.

1) ⎡S_1 に S_2 が V forma- て あります⎦
   ① 机の 上に メモが 置いて あります。
      Hay puesta una nota sobre el escritorio.
   ② カレンダーに 今月の 予定が 書いて あります。
      En el calendario está escrito el programa de este mes.

2) ⎡S_2 は S_1 に V forma- て あります⎦
   Cuando S_2 se toma como elemento principal, se usa la partícula は.
   ③ メモは どこですか。
      …… [メモは] 机の 上に 置いて あります。
      ¿Dónde está la nota?
      …… Está puesta sobre el escritorio.
   ④ 今月の 予定は カレンダーに 書いて あります。
      El programa de este mes está escrito en el calendario.

[Nota] Diferencia entre V forma- て います y V forma- て あります
   ⑤ 窓が 閉まって います。　　　La ventana está cerrada (estado).
   ⑥ 窓が 閉めて あります。
      La ventana está cerrada (alguien la ha cerrado por algún motivo).

En los ejemplos ⑤ y ⑥ podemos comparar el uso de V forma- て います y V forma- て あります con un verbo intransitivo (しまります) y uno transitivo (しめます). En el ejemplo ⑤ simplemente se expresa que la ventana está cerrada como estado, mientras que en el ejemplo ⑥ se hace referencia al hecho de que la ventana está cerrada porque alguien la ha cerrado.

2. ⎡V forma- て おきます⎦

Esta frase modelo significa:

1) Finalización de una acción necesaria antes de un determinado momento.
   ⑦ 旅行の まえに、切符を 買って おきます。
      Compraré el billete antes del viaje.
   ⑧ 次の 会議までに 何を して おいたら いいですか。
      ……この 資料を 読んで おいて ください。
      ¿Qué debo hacer antes de la próxima reunión?
      …… Lea estos documentos, por favor.

2) Finalización de una acción necesaria teniendo en cuenta el siguiente uso o acción, o en calidad de medida provisional.
   ⑨ はさみを 使ったら、元の 所に 戻して おいて ください。
      Cuando termine de usar las tijeras, vuelva a ponerlas donde estaban, por favor.

3) Continuación de la situación resultante.
   ⑩ あした 会議が ありますから、いすは この ままに して おいて ください。
   Deje las sillas como están, por favor, ya que mañana se celebrará una reunión.

[Nota] En el lenguaje hablado, 〜て おきます se convierte a menudo en 〜ときます．

   ⑪ そこに 置いといて （置いて おいて） ください。
   Déjelo allí, por favor. (lección 38)

3. | まだ + **afirmativo** | Todavía...

   ⑫ まだ 雨が 降って います。   Todavía está lloviendo.
   ⑬ 道具を 片づけましょうか。
   ……まだ 使って いますから、その ままに して おいて ください。
   ¿Quiere que guarde las herramientas?
   …… Todavía las estoy usando, así que déjalas así, por favor.

まだ significa "todavía", "aún", e indica que la acción o situación continúa.

4. | とか |

とか se emplea del mismo modo que や para enumerar ejemplos. とか es más coloquial que や y se utiliza también detrás del último sustantivo citado como ejemplo.

   ⑭ どんな スポーツを して いますか。
   ……そうですね。テニスとか 水泳とか……。
   ¿Qué tipo de deportes practica?
   …… Pues, tenis, natación, etc.

5. | **Partícula indicadora de caso** + も |

Cuando se emplea も junto a un sustantivo que lleva las partículas が o を, éstas se omiten. Si el nombre va acompañado de partículas como に, で, から, まで o と, も se coloca detrás de la partícula sin omitirla. へ se puede omitir o no.

   ⑮ ほかにも いろいろ あります。   Hay otras cosas además de eso.
   ⑯ どこ[へ]も 行きません。   No voy a ningún lugar.

Lección 31

I. Vocabulario

つづけますⅡ	続けます	continuar, seguir
みつけますⅡ	見つけます	encontrar
とりますⅠ ［やすみを～］	取ります ［休みを～］	obtener, tomar [vacaciones], tomarse [un descanso]
うけますⅡ ［しけんを～］	受けます ［試験を～］	presentarse [a un examen]
もうしこみますⅠ	申し込みます	inscribirse, pedir, subscribir
きゅうけいしますⅢ	休憩します	descansar, tomar un descanso
れんきゅう	連休	días festivos consecutivos
さくぶん	作文	composición, redacción
はっぴょう	発表	presentación, anuncio（～します：hacer la presentación/el anuncio）
てんらんかい	展覧会	exposición
けっこんしき	結婚式	boda
［お］そうしき*	［お］葬式	funeral
しき*	式	ceremonia
ほんしゃ	本社	oficina principal, oficina central
してん	支店	sucursal
きょうかい	教会	iglesia
だいがくいん	大学院	escuela de posgrado
どうぶつえん	動物園	zoológico
おんせん	温泉	aguas termales
かえり	帰り	vuelta
おこさん	お子さん	(tu/su) hijo
－ごう	－号	número － (de tren, de tifón)
～の ほう	～の 方	en la parte de ～, en dirección a ～, rumbo a ～, hacia ～
ずっと		todo el tiempo
※バリ		Bali (isla de Indonesia)
※ピカソ		Pablo Picasso (1881-1973): pintor español
※のぞみ		nombre de tren *Shinkansen* (～42 号：número 42 del tren *Nozomi*)

※新神戸 (しんこうべ) — nombre de una estación en la prefectura de Hyogo

〈会話〉
残(のこ)りますI — quedar, sobrar
入学試験(にゅうがくしけん) — examen de ingreso
月(つき)に — por mes, al mes

〈読(よ)み物(もの)〉
村(むら) — pueblo
卒業(そつぎょう)しますIII — graduarse
映画館(えいがかん) — cine
嫌(いや)[な] — desagradable, molesto, detestable
空(そら) — cielo
閉(と)じますII — cerrar
都会(とかい) — ciudad
子どもたち — niños
自由(じゆう)に — libremente

II. Traducción

Frases modelo
1. Vayamos juntos.
2. Pienso crear mi propia empresa en el futuro.
3. Tengo previsto comprar un coche el próximo mes.

Ejemplos de oraciones
1. Estamos cansados. ¿Descansamos un poco?
    ······Sí, descansemos.
2. ¿Qué va a hacer el día de Año Nuevo?
    ······Pienso ir a unas aguas termales con mi familia.
3. ¿Ha terminado de escribir el informe ya?
    ······No, aún no lo he escrito.
    Pienso redactarlo para el viernes.
4. ¿Seguirá estudiando japonés aunque vuelva a su país?
    ······Sí, tengo previsto seguir estudiándolo.
5. ¿No va a regresar a su país durante las vacaciones de verano?
    ······No. Este año no tengo previsto volver a mi país porque voy a presentarme al examen de ingreso de una escuela de posgrado.
6. Voy a Nueva York por trabajo desde mañana.
    ······¡Ah!, ¿sí? ¿Cuándo volverá?
    Tengo previsto volver el próximo viernes.

Diálogo

Pienso aprender a cocinar

Ogawa: Seré soltero desde el próximo mes.
Miller: ¿Cómo?
Ogawa: En realidad me trasladarán a la oficina central, en Osaka.
Miller: ¿A la oficina central? ¡Felicidades!
    Pero, ¿por qué será soltero?
Ogawa: Porque mi esposa y mi hijo se quedarán en Tokio.
Miller: ¿No van a ir con Ud.?
Ogawa: No. Mi hijo dice que quiere quedarse en Tokio porque el año que viene se presentará al examen de ingreso a la universidad, y mi esposa dice que no quiere dejar su trabajo.
Miller: Entonces van a vivir separados, ¿verdad?
Ogawa: Sí, pero pienso volver a casa dos o tres fines de semana al mes.
Miller: Le costará trabajo.
Ogawa: De todas formas, es una buena oportunidad: pienso aprender a cocinar.
Miller: ¡Buena idea!

III. Palabras e informaciones de referencia

専門(せんもん) Especialidades

医学(いがく)	medicina
薬学(やくがく)	farmacología
化学(かがく)	química
生化学(せいかがく)	bioquímica
生物学(せいぶつがく)	biología
農学(のうがく)	agronomía
地学(ちがく)	geología
地理学(ちりがく)	geografía
数学(すうがく)	matemáticas
物理学(ぶつりがく)	física
工学(こうがく)	ingeniería
土木工学(どぼくこうがく)	ingeniería civil
電子工学(でんしこうがく)	electrónica
電気工学(でんきこうがく)	ingeniería eléctrica
機械工学(きかいこうがく)	ingeniería mecánica
コンピューター工学(こうがく)	informática
遺伝子工学(いでんしこうがく)	ingeniería genética
建築学(けんちくがく)	arquitectura
天文学(てんもんがく)	astronomía
環境科学(かんきょうかがく)	ciencias ambientales
政治学(せいじがく)	política
国際関係学(こくさいかんけいがく)	relaciones internacionales
法律学(ほうりつがく)	derecho
経済学(けいざいがく)	economía
経営学(けいえいがく)	administración de empresas
社会学(しゃかいがく)	sociología
教育学(きょういくがく)	pedagogía
文学(ぶんがく)	literatura
言語学(げんごがく)	lingüística
心理学(しんりがく)	psicología
哲学(てつがく)	filosofía
宗教学(しゅうきょうがく)	ciencia de las religiones
芸術(げいじゅつ)	arte
美術(びじゅつ)	bellas artes
音楽(おんがく)	música
体育学(たいいくがく)	educación física

IV. Notas gramaticales

1. Forma volitiva

La forma volitiva se construye a partir de V forma-ます de la siguiente manera (véase la práctica A1 de la lección 31 del Texto Principal):

Grupo I: Sustituir el sonido de la columna-い, el último de la forma-ます, por el sonido de la columna-お de la misma fila y añadir う.

かき－ます → かこ－う　　　いそぎ－ます → いそご－う
よみ－ます → よも－う　　　あそび－ます → あそぼ－う

Grupo II: Añadir よう a la forma-ます.

たべ－ます → たべ－よう　　み－ます → み－よう

Grupo III:

し－ます → し－よう　　　き－ます → こ－よう

2. Uso de la forma volitiva

1) En las oraciones de estilo informal se usa la forma volitiva como forma informal de ～ましょう.

① ちょっと 休まない？　　　　　　¿Descansamos un poco?
　……うん、休もう。　　　　　　…… Sí, descansemos.
② 手伝おうか。　　　　　　　　　¿Lo ayudo?
③ 傘を 持って 行こうか。　　　　¿Llevamos un paraguas?

[Nota] En las oraciones interrogativas de estilo informal no suele ponerse la partícula か al final; sin embargo, en los ejemplos ② y ③, en los que se realiza una pregunta utilizando la forma informal de ～ましょうか, podemos ver que en este caso sí es necesario añadir la partícula か al final.

2) V forma volitiva と 思って います

Esta frase modelo se usa para expresar lo que el hablante está pensando hacer, y se emplea de manera similar a V forma volitiva と おもいます. No obstante, V forma volitiva と おもって います indica que la intención del hablante continúa durante un determinado período de tiempo hasta el momento actual.

④ 週末は 海へ 行こうと 思って います。
　 Estoy pensando en ir a la playa el fin de semana.
⑤ 今から 銀行へ 行こうと 思います。
　 Estoy pensando en ir al banco ahora.

[Nota] V forma volitiva と おもいます sólo expresa la intención del hablante, mientras que V forma volitiva と おもって います puede indicar el deseo de una tercera persona.

⑥ 彼は 学校を 作ろうと 思って います。
　 Está pensando en construir una escuela.

3. | V forma de diccionario |
   | V (forma- ない) ない | つもりです

V forma de diccionario つもりです se usa para expresar la intención del hablante de hacer algo. Para la forma negativa se emplea V (forma- ない) ない つもりです.

⑦ 国へ 帰っても、日本語の 勉強を 続ける つもりです。
   Tengo previsto seguir estudiando japonés aunque vuelva a mi país.

⑧ あしたからは たばこを 吸わない つもりです。
   He decidido que no fumaré a partir de mañana.

[Nota] No hay grandes diferencias de significado entre V forma de diccionario つもりです y V forma volitiva と おもって います; sin embargo, cuando se quiere expresar que se trata de una resolución firme, suele emplearse V forma de diccionario つもりです.

4. | V forma de diccionario |
   | S の | 予定です

Con esta frase modelo se puede informar a otras personas acerca de programas y planes.

⑨ 7月の 終わりに ドイツへ 出張する 予定です。
   Tengo programado un viaje de negocios a Alemania a finales de julio.

⑩ 旅行は 1週間ぐらいの 予定です。
   Está previsto que el viaje dure una semana aproximadamente.

5. | まだ V forma- て いません |

Esta frase modelo significa que algo no ha ocurrido todavía, o que no se ha realizado aún en el momento de la conversación.

⑪ 銀行は まだ 開いて いません。 El banco no está abierto todavía.

⑫ レポートは もう 書きましたか。
   ……いいえ、まだ 書いて いません。
   ¿Ha terminado de escribir el informe ya?
   …… No, aún no lo he escrito.

6. | 帰ります － 帰り |

V forma- ます puede utilizarse también como sustantivo, tal y como vemos en los ejemplos ⑬ y ⑭.

⑬ 帰りの 新幹線は どこから 乗りますか。
   ¿Dónde tomará el *Shinkansen* de vuelta?

⑭ 休みは 何曜日ですか。   ¿Qué día cierran? (lección 4)

Otros ejemplos:
遊びます － 遊び   答えます － 答え
申し込みます － 申し込み   楽しみます (disfrutar) － 楽しみ

Lección 32

I. Vocabulario

うんどうします III	運動します	hacer ejercicio
せいこうします III	成功します	tener éxito
しっぱいします III * [しけんに〜]	失敗します [試験に〜]	fracasar [en un examen], suspender [un examen]
ごうかくします III [しけんに〜]	合格します [試験に〜]	pasar, aprobar [un examen]
やみます I [あめが〜]	[雨が〜]	[la lluvia] cesar, dejar de [llover]
はれます II	晴れます	despejarse
くもります I	曇ります	nublarse
つづきます I [ねつが〜]	続きます [熱が〜]	[la fiebre] continuar
ひきます I [かぜを〜]		coger [un resfriado]
ひやします I	冷やします	enfriar
こみます I [みちが〜]	込みます [道が〜]	llenarse, congestionarse [un camino]
すきます I [みちが〜]	[道が〜]	descongestionarse [un camino]
でます II [しあいに〜] [パーティーに〜]	出ます [試合に〜]	participar [en un partido] participar [en una fiesta]
むりを します III	無理を します	trabajar demasiado, esforzarse demasiado
じゅうぶん[な]	十分[な]	suficiente
おかしい		extraño, gracioso, cómico, ridículo
うるさい		ruidoso
せんせい	先生	médico, doctor
やけど		quemadura (〜を します：quemarse)
けが		lesión, herida (〜を します：lesionarse, herirse)
せき		tos (〜を します／〜が でます：toser, tener tos)
インフルエンザ		gripe, influenza
そら	空	cielo
たいよう *	太陽	sol
ほし	星	estrella
かぜ	風	viento

ひがし*	東	este
にし	西	oeste
みなみ	南	sur
きた*	北	norte
こくさい〜	国際〜	〜 internacional
すいどう	水道	agua corriente, suministro de agua corriente
エンジン		motor
チーム		equipo, grupo
こんや	今夜	esta noche
ゆうがた	夕方	tarde, atardecer
まえ		antes
おそく	遅く	tarde
こんなに*		tan 〜 como esto
そんなに*		tan 〜 como eso (relativo a algo relacionado con el oyente)
あんなに		tan 〜 como aquello (relativo a algo no relacionado ni con el hablante ni oyente)
※ヨーロッパ		Europa

〈会話〉

元気	ánimo
胃	estómago
ストレス	estrés, tensión
それは いけませんね。	Eso no puede ser.

〈読み物〉

星占い	horóscopo, astrología
牡牛座	Tauro
働きすぎ	trabajar excesivamente
困りますⅠ	tener problemas, estar en apuros
宝くじ	lotería
当たりますⅠ [宝くじが〜]	tocarle a alguien [la lotería]
健康	salud
恋愛	amor
恋人	novio(a)
ラッキーアイテム	objeto de la suerte, amuleto
石	piedra

II. Traducción

Frases modelo
1. Es mejor hacer ejercicio todos los días.
2. Nevará mañana.
3. Es posible que no llegue a tiempo a la cita.

Ejemplos de oraciones
1. ¿Qué le parece que los estudiantes trabajen por horas?
    ……Me parece bien. Creo que es mejor que acumulen diversas experiencias durante la juventud.
2. Quiero hacer turismo por Europa durante un mes. ¿Me bastará con 400.000 yenes?
    ……Creo que es suficiente, pero es mejor que no los lleve en efectivo.
3. Profesor, ¿qué cree que ocurrirá con la economía japonesa?
    ……Bueno, todavía no mejorará durante cierto tiempo.
4. Doctor, ¿Hans tiene gripe?
    ……Sí, tiene gripe. Probablemente tenga mucha fiebre durante dos o tres días, pero no se preocupe.
5. ¿No cree que el motor hace un ruido raro?
    ……Sí, es posible que tenga una avería. Vamos a echarle un vistazo.

Diálogo
Es mejor que no se esfuerce demasiado

Ogawa: Sr. Shmidt, tiene mala cara. ¿Qué le pasa?
Schmidt: Últimamente no me encuentro bien. De vez en cuando me duelen la cabeza y el estómago.
Ogawa: Eso no puede ser. ¿Tiene mucho trabajo?
Schmidt: Sí, hago muchas horas extras.
Ogawa: Probablemente tenga estrés. Es mejor que vaya al hospital.
Schmidt: Sí, tiene razón.
Ogawa: Es mejor que no se esfuerce demasiado.
Schmidt: Sí. Pienso tomar vacaciones cuando termine el trabajo que estoy haciendo.
Ogawa: ¡Buena idea!

III. Palabras e informaciones de referencia

天気予報　Pronóstico meteorológico

	日本語	日本語	Español
	晴(は)れ	despejado	
	曇(くも)り	nublado	
	雨(あめ)	lluvia	
	雪(ゆき)	nieve	
	晴(は)れのち曇(くも)り	despejado, nublado después	
	曇(くも)り時々雨(ときどきあめ)	nublado, lluvias ocasionales	
	曇(くも)り所(ところ)によって雨(あめ)	nublado, lluvias parciales	

降水確率(こうすいかくりつ) — probabilidad de lluvia
最高気温(さいこうきおん) — temperatura máxima
最低気温(さいていきおん) — temperatura mínima

北海道地方(ほっかいどうちほう) — área de Hokkaido
札幌(さっぽろ)
東北地方(とうほくちほう) — área de Tohoku
仙台(せんだい)
長野(ながの)
中部地方(ちゅうぶちほう) — área de Chubu
東京(とうきょう)
関東地方(かんとうちほう) — área de Kanto
中国地方(ちゅうごくちほう) — área de Chugoku
近畿地方(きんきちほう) — área de Kinki
松江(まつえ)
大阪(おおさか)
名古屋(なごや)
高知(こうち)
四国地方(しこくちほう) — área de Shikoku
鹿児島(かごしま)
九州地方(きゅうしゅうちほう) — área de Kyushu
那覇(なは)

にわか雨(あめ)／夕立(ゆうだち)	chubascos
雷(かみなり)	truenos
台風(たいふう)	tifón
虹(にじ)	arco iris
風(かぜ)	viento
雲(くも)	nube
湿度(しっど)	humedad
蒸(む)し暑(あつ)い	bochornoso
さわやか[な]	fresco

47

IV. Notas gramaticales

1.
```
V forma- た
V (forma- ない) ない
```
ほうが いいです

① 毎日 運動した ほうが いいです。
   Es mejor hacer ejercicio todos los días.
② 熱が あるんです。
   ……じゃ、おふろに 入らない ほうが いいですよ。
   Tengo fiebre.
   …… Entonces es mejor que no se bañe.

Esta frase modelo se usa para recomendar o aconsejar al oyente. V forma- た ほうが いいです presenta la posibilidad de realizar una elección comparando dos elementos, de ahí que se señale que no es bueno o aconsejable no elegir la acción que se le ha recomendado o aconsejado. Por este motivo, el oyente puede tener la impresión de que el hablante le está imponiendo su opinión. Para dar una mera sugerencia se puede emplear 〜たら いい (véase la lección 26).

③ 日本の お寺が 見たいんですが……。
   ……じゃ、京都へ 行ったら いいですよ。
   Me gustaría ver algunos templos budistas en Japón.
   …… En ese caso, le recomiendo que vaya a Kioto.

2.
```
V           forma informal
A- い       forma informal
A- な       〜だ
S
```
でしょう

〜でしょう se utiliza para expresar la opinión del hablante sin realizar un juicio categórico acerca de hechos futuros o inciertos.

④ あしたは 雨が 降るでしょう。
   Lloverá mañana.
⑤ タワポンさんは 合格するでしょうか。
   ……きっと 合格するでしょう。
   ¿Cree Ud. que el Sr. Thawaphon aprobará el examen?
   …… Seguro que lo aprueba.

3.
```
V           forma informal
A- い       forma informal
A- な       〜だ
S
```
かも しれません

〜かも しれません sirve para expresar la posibilidad de que ocurra algo (〜), por muy pequeña que sea.

⑥ 約束の 時間に 間に 合わないかも しれません。
   Es posible que no llegue a tiempo a la cita.

4. | **V (forma- ます) ましょう** |

⑦　エンジンの 音が おかしいんですが。
　　……そうですね。故障かも しれません。ちょっと 調べましょう。

　　El motor hace un ruido raro.
　　…… Sí, es posible que tenga una avería. Vamos a echarle un vistazo.

En el ejemplo ⑦ el hablante emplea V (forma- ます) ましょう para transmitirle su deseo al oyente. Se utiliza para proponer una acción y tiene el matiz de una conducta más activa que V (forma- ます) ましょうか (véase la lección 14).

5. | **Cuantificador + で** |

で se emplea junto a un cuantificador para indicar el límite de un precio, tiempo, cantidad, etc.

⑧　駅まで 30分で 行けますか。
　　¿Se puede llegar a la estación en 30 minutos?

⑨　3万円で パソコンが 買えますか。
　　¿Se puede comprar un ordenador por 30.000 yenes?

6. | **何か 心配な こと** |

⑩　何か 心配な ことが あるんですか。
　　¿Hay algo que le preocupa?

Como se muestra en el ejemplo ⑩, no se puede decir しんぱいな なにか, sino que se debe decir なにか しんぱいな こと. Otros ejemplos similares son なにか 〜 もの, どこか 〜 ところ, だれか 〜 ひと, いつか 〜 とき, etc.

⑪　スキーに 行きたいんですが、どこか いい 所、ありますか。
　　Quiero ir a esquiar. ¿Podría recomendarme un buen lugar?

Lección 33

I. Vocabulario

にげます II	逃げます	huir
さわぎます I	騒ぎます	hacer ruido
あきらめます II		desistir de
なげます II	投げます	lanzar
まもります I	守ります	cumplir, obedecer
はじまります I [しきが〜]	始まります [式が〜]	empezar [una ceremonia]
しゅっせきします III [かいぎに〜]	出席します [会議に〜]	asistir [a una reunión]
つたえます II	伝えます	comunicar, transmitir
ちゅういします III [くるまに〜]	注意します [車に〜]	tener cuidado [con los coches]
はずします I [せきを〜]	外します [席を〜]	dejar [su asiento]
もどります I	戻ります	volver, regresar
あります I [でんわが〜]	[電話が〜]	haber, tener [una llamada]
リサイクルします III		reciclar
だめ[な]		no bueno, no permitido, imposible
おなじ	同じ	igual, equivalente, mismo
けいさつ	警察	comisaría de policía, policía
せき	席	asiento
マーク		marca, símbolo
ボール		pelota, bola, balón
しめきり	締め切り	cierre, plazo
きそく	規則	regla, reglamento
きけん	危険	Peligroso.
しようきんし	使用禁止	No usar.
たちいりきんし	立入禁止	Se prohíbe la entrada./No entrar.
じょこう	徐行	Despacio./Vaya a poca velocidad.
いりぐち	入口	entrada
でぐち	出口	salida
ひじょうぐち	非常口	salida de emergencia
むりょう	無料	gratis
わりびき	割引	descuento
のみほうだい	飲み放題	barra libre
しようちゅう	使用中	en uso

ぼしゅうちゅう	募集中	Estamos contratando./Buscamos 〜./Se busca(n) 〜.
〜ちゅう	〜中	estar en 〜
どういう 〜		qué (adjetivo interrogativo)
いくら [〜ても]		por más que [〜], por mucho que [〜]
もう		ya (se emplea con formas negativas)
あと 〜		〜 más, falta(n) 〜
〜ほど		aproximadamente, más o menos

〈会話〉

| 駐車違反 | estacionamiento indebido |
| 罰金 | multa |

〈読み物〉

地震	terremoto, seísmo, sismo
起きますⅡ	ocurrir
助け合いますⅠ	ayudarse mutuamente
もともと	originalmente
悲しい	triste, afligido
もっと	más
あいさつ	saludo (〜を します：saludar)
相手	otra parte
気持ち	sentimiento, voluntad, sensación, humor

II. Traducción

Frases modelo
1. Date prisa.
2. No tocar.
3. *"Tachiiri-Kinshi"* significa "No entrar".
4. El Sr. Miller dijo que viajaría a Osaka por negocios la próxima semana.

Ejemplos de oraciones
1. No puedo. Ya no puedo correr más.
   ······¡Ánimo! Le faltan 500 metros.
2. Ya no tenemos tiempo.
   ······Aún os queda un minuto. No os rindáis.
3. No se puede jugar en este estanque. Allí pone "No entrar".
   ······Ah, es verdad.
4. ¿Cómo se lee ese *kanji*?
   ······Se lee *"Kin'en"*.
   Significa "Prohibido fumar".
5. ¿Qué significa este símbolo?
   ······Significa "Se puede lavar a máquina".
6. ¿Está el Sr. Gupta?
   ······Ha salido. Ha dicho que regresará en unos treinta minutos.
7. Perdón, ¿podría decirle a la Srta. Watanabe que la fiesta será mañana a partir de las seis?
   ······Entendido. A partir de las seis, ¿verdad?

Diálogo

¿Qué significa esto?

Watt:	Disculpe, he encontrado este papel pegado en mi coche. ¿Cómo se lee este *kanji*?
Empleada de la universidad:	Dice *"Chusha-Ihan"*.
Watt:	¿*"Chusha-Ihan"*? ¿Qué significa?
Empleada de la universidad:	Significa que ha aparcado el coche en un lugar donde no se puede. ¿Dónde lo ha estacionado?
Watt:	Enfrente de la estación. He ido a comprar una revista. Sólo han sido 10 minutos...
Empleada de la universidad:	Enfrente de la estación está prohibido aparcar aunque sólo sean 10 minutos.
Watt:	¿De verdad? ¿Tengo que pagar una multa?
Empleada de la universidad:	Sí, debe pagar 15.000 yenes.
Watt:	¡Anda! ¿15.000 yenes? Si la revista sólo me ha costado 300 yenes...

III. Palabras e informaciones de referencia

標識 (ひょうしき) Señales y letreros

営業中 (えいぎょうちゅう)	準備中 (じゅんびちゅう)	閉店 (へいてん)	定休日 (ていきゅうび)
Abierto	En preparación	Cerrado	Cerrado por descanso

化粧室 (けしょうしつ)	禁煙席 (きんえんせき)	予約席 (よやくせき)	非常口 (ひじょうぐち)
Aseo, Servicio	Asiento para no fumadores	Asiento reservado	Salida de emergencia

火気厳禁 (かきげんきん)	割れ物注意 (われものちゅうい)	運転初心者注意 (うんてんしょしんしゃちゅうい)	工事中 (こうじちゅう)
Inflamable	Frágil	Conductor novel	En obras

塩素系漂白剤不可 (えんそけいひょうはくざいふか)	手洗い (てあらい)	アイロン（低温）(ていおん)	ドライクリーニング
No usar blanqueador clorado	Lavar a mano	Planchar a baja temperatura	Lavar en seco

IV. Notas gramaticales

1. Formas imperativa y prohibitiva

1) Construcción de la forma imperativa de los verbos (véase la práctica A1 de la lección 33 del Texto Principal)

   Grupo I: Sustituir el sonido de la columna-い, que es el último de la forma-ます, por el sonido de la columna-え.

   かきーます → かけ　　　いそぎーます → いそげ
   よみーます → よめ　　　あそびーます → あそべ

   Grupo II: Añadir ろ a la forma-ます.

   たべーます → たべろ　　　みーます → みろ

   Excepción：くれーます → くれろ

   Grupo III: しーます → しろ　　　きーます → こい

   [Nota] Los verbos que indican una situación, tales como ある, できる y わかる, no tienen formas imperativas.

2) Construcción de la forma prohibitiva de los verbos (véase la práctica A1 de la lección 33 del Texto Principal)

   Añadir な a la forma de diccionario de cada verbo.

2. Uso de las formas imperativa y prohibitiva

La forma imperativa se usa para forzar a una persona a hacer algo, mientras que la prohibitiva se emplea para ordenarle a alguien que no haga algo. Tanto la forma imperativa como la prohibitiva tienen fuertes connotaciones coercitivas, de ahí que su uso al final de una oración sea muy limitado. En expresiones coloquiales, el uso de estas formas está limitado a hablantes masculinos en la mayoría de los casos.

Las formas imperativa y prohibitiva se usan al final de una oración en los siguientes supuestos:

1) Cuando un hombre mayor o que ocupa un lugar más alto en el orden jerárquico se dirige a un subordinado, o cuando un padre le habla a su hijo.

   ① 早く 寝ろ。　　　　　　　　Acuéstate pronto.
   ② 遅れるな。　　　　　　　　No llegues tarde.

2) Cuando conversan hombres que son amigos. En este caso, se agrega a menudo la partícula よ al final de la oración para suavizar el tono.

   ③ あした うちへ 来い[よ]。　　Ven a mi casa mañana.
   ④ あまり 飲むな[よ]。　　　　No bebas mucho.

3) Cuando no hay mucho tiempo para ser cortés, por ejemplo, cuando se dan instrucciones a un gran número de personas en una fábrica o durante una emergencia, como un incendio o terremoto. Incluso en estos casos, sólo la pueden usar hombres mayores o superiores en el orden jerárquico.

   ⑤ 逃げろ。　　　　　　　　　Huyan.
   ⑥ エレベーターを 使うな。　　No usen el ascensor.

4) Cuando se dan órdenes en actividades en grupo, por ejemplo, durante la clase de educación física en la escuela o en los entrenamientos y prácticas de los distintos equipos y clubes de deportes.

   ⑦ 休め。　　　　　　　　　　Descansen.
   ⑧ 休むな。　　　　　　　　　No descansen.

5) Cuando se anima en acontecimientos deportivos. En este caso, las mujeres emplean a veces las expresiones que se muestran a continuación.

   ⑨ 頑張れ。　　　　　　　　　¡Ánimo!
   ⑩ 負けるな。　　　　　　　　¡No pierdan!

6) Cuando es necesario dar una impresión fuerte o expresar algo de manera breve, como en una señal de tráfico o en un eslogan.

⑪ 止まれ。　　　　　　　　　　Pare.
⑫ 入るな。　　　　　　　　　　No entrar.

[Nota] V (forma-ます) なさい es otra manera de dar órdenes. La usan los padres con sus hijos, o los profesores con sus alumnos, y es un poco más suave que la forma imperativa, de ahí que las mujeres también la utilicen en lugar de la forma imperativa de los verbos. No obstante, no se emplea para dirigirse a un superior.

⑬ 勉強しなさい。　　　　　　　Estudia.

3. ～と 書いて あります／～と 読みます

⑭ あの 漢字は 何と 読むんですか。　　¿Cómo se lee aquel *kanji*?
⑮ あそこに 「止まれ」 と 書いて あります。　Allí está escrito "*Tomare*"(pare).

と en los ejemplos ⑭ y ⑮ tiene la misma función que と en ～と いいます (véase la lección 21).

4. X は Y と いう 意味です

Esta frase modelo se usa para dar el significado de la palabra representada por "X". と いう viene de と いいます. El interrogativo どういう se utiliza para preguntar el significado.

⑯ 「立入禁止」は 入るなと いう 意味です。"*Tachiiri-Kinshi*" significa "No entrar".
⑰ この マークは どういう 意味ですか。
　……洗濯機で 洗えると いう 意味です。

¿Qué significa este símbolo?
…… Significa "Se puede lavar a máquina".

5. "Oración" / Forma informal } と 言って いました

～と いいました se usa cuando se citan las palabras de una tercera persona (véase la lección 21), mientras que ～と いって いました se emplea cuando se transmite el mensaje de una tercera persona.

⑱ 田中さんは 「あした 休みます」 と 言って いました。
El Sr. Tanaka dijo: "Mañana no vendré a trabajar".

⑲ 田中さんは あした 休むと 言って いました。
El Sr. Tanaka dijo que no vendría a trabajar mañana.

6. "Oración" / Forma informal } と 伝えて いただけませんか

Esta frase modelo se usa cuando se le pide a alguien cortésmente que transmita un mensaje.

⑳ ワンさんに 「あとで 電話を ください」 と 伝えて いただけませんか。
¿Podría decirle al Sr. Wang que me llame más tarde, por favor?

㉑ すみませんが、渡辺さんに あしたの パーティーは 6時からだと 伝えて いただけませんか。
Perdón, ¿podría decirle a la Srta. Watanabe que la fiesta será mañana a partir de las seis?

Lección 34

I. Vocabulario

みがきます I [はを〜]	磨きます [歯を〜]	lavarse [los dientes], pulir
くみたてます II	組み立てます	montar, ensamblar
おります I	折ります	doblar, romper
きが つきます I [わすれものに〜]	気が つきます [忘れ物に〜]	notar, darse cuenta [de que se ha olvidado algo]
つけます II [しょうゆを〜]		echar [salsa de soja]
みつかります I [かぎが〜]	見つかります	ser encontrado(a) [una llave]
しつもんします III	質問します	hacer una pregunta, preguntar
さします I [かさを〜]	[傘を〜]	abrir, usar [el paraguas]
スポーツクラブ		gimnasio
[お]しろ	[お]城	castillo
せつめいしょ	説明書	manual
ず	図	plano, gráfico
せん	線	línea
やじるし	矢印	flecha (señal, signo)
くろ	黒	negro (sustantivo)
しろ*	白	blanco (sustantivo)
あか*	赤	rojo (sustantivo)
あお*	青	azul (sustantivo)
こん	紺	azul oscuro, azul marino (sustantivo)
きいろ*	黄色	amarillo (sustantivo)
ちゃいろ*	茶色	marrón (sustantivo)
しょうゆ		salsa de soja
ソース		salsa, salsa Worcestershire
おきゃく[さん]	お客[さん]	visitante, cliente
〜か 〜		〜 o 〜
ゆうべ		anoche
さっき		hace un rato

〈会話〉

茶道	ceremonia del té
お茶を たてますⅡ	preparar un té (en la ceremonia del té)
先に	primero (cuando se hace una cosa antes que otra)
載せますⅡ	colocar, poner
これで いいですか。	¿Está bien así?
いかがですか。	¿Qué tal?
苦い	amargo

〈読み物〉

親子どんぶり	arroz cubierto con pollo y huevos cocidos con salsa de soja
材料	material, ingrediente
一分	– ración/raciones (se utiliza para indicar la cantidad)
－グラム	– gramos
一個	(sufijo de conteo para objetos pequeños)
たまねぎ	cebolla
4分の1(1/4)	un cuarto
調味料	condimentos
適当な 大きさに	de/en tamaño adecuado
なべ	olla, cazuela, cacerola
火	fuego
火に かけますⅡ	poner al fuego
煮ますⅡ	cocer, guisar
煮えますⅡ	cocerse, guisarse
どんぶり	cuenco
たちますⅠ	pasar, transcurrir

II. Traducción

Frases modelo
1. Lo escribo tal y como lo ha dicho el profesor.
2. Me lavo los dientes después de comer.
3. Tomo el café sin azúcar.

Ejemplos de oraciones
1. Esto es un nuevo robot.
   ······¿Qué tipo de robot es?
   Es un robot que hace exactamente lo mismo que haya hecho una persona.
2. ¿Tengo que montar esta mesa yo mismo?
   ······Sí. Móntela de acuerdo con el manual.
3. Espere un momento, por favor. La salsa de soja se pone después de echar el azúcar.
   ······Entendido.
4. ¿Por qué no vamos a tomar algo después del trabajo?
   ······Lo siento, es que hoy es el día que voy al gimnasio.
5. ¿Qué debería ponerme para ir a la boda de un amigo?
   ······Pues en Japón los hombres se ponen un traje negro o azul oscuro y una corbata blanca.
6. ¿Se le echa salsa a esto?
   ······No, cómalo sin ponerle nada.
7. Últimamente no tomo el ascensor, sino que uso las escaleras.
   ······Eso es un buen ejercicio.

Diálogo

Hágalo tal y como lo he hecho yo

Klara:	Me gustaría ver una vez la ceremonia del té.
Watanabe:	Entonces, ¿por qué no vamos juntas el próximo sábado?
	··
Maestra de té:	Srta. Watanabe, prepare un té, por favor. Klara, tome Ud. primero el dulce.
Klara:	¿Eh? ¿Se toma el dulce primero?
Maestra de té:	Sí. El té resulta más rico si se toma después de comer algo dulce.
Klara:	¿De veras?
Maestra de té:	Tomemos el té ahora. Primero, coja la taza con la mano derecha y colóquela sobre la palma de la mano izquierda. A continuación gírela dos veces y tome el té.
Klara:	Sí.
Maestra de té:	Hágalo tal y como lo he hecho yo, por favor.
	··
Klara:	¿Está bien así?
Maestra de té:	Sí. ¿Qué tal?
Klara:	Está un poco amargo, pero está bueno.

III. Palabras e informaciones de referencia

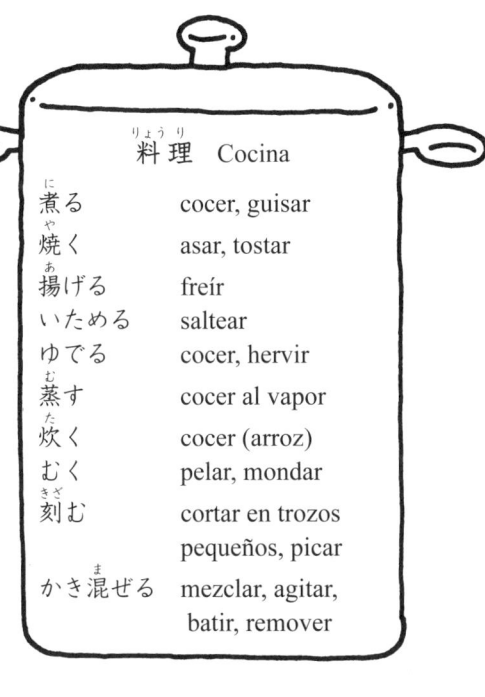

料理 (りょうり) Cocina

料理 Cocina

煮る	cocer, guisar
焼く	asar, tostar
揚げる	freír
いためる	saltear
ゆでる	cocer, hervir
蒸す	cocer al vapor
炊く	cocer (arroz)
むく	pelar, mondar
刻む	cortar en trozos pequeños, picar
かき混ぜる	mezclar, agitar, batir, remover

調味料 (ちょうみりょう) Condimentos

しょうゆ	salsa de soja
砂糖	azúcar
塩	sal
酢	vinagre
みそ	*miso* (pasta elaborada de soja)
油	aceite, grasa
ソース	salsa Worcestershire
マヨネーズ	mayonesa
ケチャップ	kétchup
からし (マスタード)	mostaza
こしょう	pimienta
とうがらし	pimentón rojo, chile, ají
しょうが	jengibre
わさび	*wasabi*
カレー粉	*curry* en polvo

台所用品 (だいどころようひん) Utensilios de cocina

なべ	olla, cazuela, cacerola
やかん	tetera
ふた	tapa, tapón
おたま	cucharón, cazo
まな板	tabla de picar
包丁	cuchillo
ふきん	trapo de cocina, paño
フライパン	sartén
電子オーブンレンジ	horno con microondas
炊飯器	arrocera
しゃもじ	paleta para servir el arroz cocido
缶切り	abrelatas
栓抜き	abrebotellas, sacacorchos
ざる	colador, escurridor
ポット	jarra eléctrica, hervidor eléctrico, botella termo
ガス台	cocina de gas
流し[台]	fregadero
換気扇	extractor

34

IV. Notas gramaticales

1. $\begin{Bmatrix} V_1 \text{ forma-} た \\ S の \end{Bmatrix}$ とおりに、 V_2

1) V_1 forma- た とおりに、 V_2

   V_2 indica que la acción se realiza en la misma situación o del mismo modo que el V_1.

   ① わたしが やった とおりに、やって ください。
      Hágalo tal y como lo he hecho yo, por favor.
   ② 見た とおりに、話して ください。
      Cuéntelo tal y como lo vio, por favor.

2) S の とおりに、V

   Significa que una acción se hace según S.

   ③ 線の とおりに、紙を 切って ください。
      Por favor, corte el papel siguiendo la línea.
   ④ 説明書の とおりに、組み立てました。
      Lo monté de acuerdo con el manual.

   [Nota] とおり es un sustantivo, por lo que puede emplearse con この, その o あの y expresar, de este modo, una manera o situación designada por estos demostrativos.

   ⑤ この とおりに、書いて ください。
      Escríbalo de esta manera, por favor.

2. $\begin{Bmatrix} V_1 \text{ forma-} た \\ S の \end{Bmatrix}$ あとで、 V_2

Esta frase modelo expresa que la acción o el hecho indicado por V_2 tuvo/tiene/tendrá lugar después de que hubiera/haya ocurrido la acción o el hecho indicado por V_1 o S.

⑥ 新しいのを 買った あとで、なくした 時計が 見つかりました。
   Encontré el reloj que había perdido después de haber comprado uno nuevo.
⑦ 仕事の あとで、飲みに 行きませんか。
   ¿Por qué no vamos a tomar algo después del trabajo?

Si la comparamos con V forma- て から, que tiene un significado similar (véase la lección 16), esta frase modelo enfatiza la relación entre los contextos temporales de ambas acciones. Además, a diferencia de V forma- て から, esta frase modelo no significa que V_1 o S sea una premisa o preparativo de V_2.

3. $\begin{matrix} V_1 \text{ forma- } て \\ V_1 \text{ (forma- } ない) ないで \end{matrix} \Big\} V_2$

1) V_1 es una acción o situación que acompaña a la acción indicada por V_2. En los ejemplos ⑧ y ⑨, esta frase modelo expresa si se echa o no salsa de soja cuando ocurre la acción たべます. V_1 y V_2 son acciones realizadas por la misma persona.

⑧ しょうゆを つけて 食べます。
   Lo como echándole salsa de soja.

⑨ しょうゆを つけないで 食べます。
   Lo como sin echarle salsa de soja.

2) La frase modelo V_1 (forma-ない) ないで V_2 se usa cuando el hablante indica que va a llevar a cabo una acción (V_2) de las dos alternativas presentadas (V_1 y V_2), que no se pueden realizar al mismo tiempo.

⑩ 日曜日は どこも 行かないで、うちで ゆっくり 休みます。
   Los domingos no voy a ningún lugar, sino que me quedo descansando en casa.

Lección 35

I. Vocabulario

さきます I	咲きます	florecer, abrirse [las flores]
[はなが〜]	[花が〜]	
かわります I	変わります	cambiar [el color]
[いろが〜]	[色が〜]	
こまります I	困ります	tener problemas, estar en apuros
つけます II	付けます	marcar [con un círculo]
[まるを〜]	[丸を〜]	
なおります I	治ります、直ります	
[びょうきが〜]	[病気が〜]	recuperarse, curarse [de una enfermedad]
[こしょうが〜]	[故障が〜]	repararse [una avería]
クリックします III		hacer clic en
にゅうりょくします III	入力します	grabar, almacenar, introducir
ただしい	正しい	correcto, justo
むこう	向こう	allí, allá, por allá, otro lado
しま	島	isla
みなと	港	puerto
きんじょ	近所	vecindario, vecindad
おくじょう	屋上	azotea, terraza
かいがい	海外	el extranjero
やまのぼり	山登り	escalada, alpinismo
れきし	歴史	historia
きかい	機会	oportunidad, ocasión
きょか	許可	permiso
まる	丸	círculo
ふりがな		(lectura de los caracteres *kanji* escrita en *kana*)
せつび	設備	instalación
レバー		palanca
キー		tecla
カーテン		cortina
ひも		cordón
すいはんき	炊飯器	arrocera
は	葉	hoja
むかし	昔	el pasado, tiempos antiguos
もっと		más
これで おわりましょう。	これで 終わりましょう。	Terminemos entonces.

※箱根（はこね）	zona recreativa y turística en la prefectura de Kanagawa
※日光（にっこう）	lugar turístico en la prefectura de Tochigi
※アフリカ	África
※マンガミュージアム	Museo Internacional del Manga de Kioto
※みんなの 学校（がっこう）	escuela de japonés ficticia
※大黒ずし（だいこく）	restaurante de *sushi* ficticio
※IMCパソコン教室（きょうしつ）	escuela de informática ficticia
※母の味（はは あじ）	título de un libro ficticio
※はる	salón de belleza ficticio
※佐藤歯科（さとうしか）	clínica dental ficticia
※毎日クッキング（まいにち）	escuela de cocina ficticia

〈会話（かいわ）〉

それなら	en ese caso
夜行（やこう）バス	autobús nocturno
さあ	No lo sé. (expresión usada cuando una persona no sabe muy bien sobre el asunto)
旅行社（りょこうしゃ）	agencia de viajes
詳（くわ）しい	detallado
スキー場（じょう）	estación de esquí
※草津（くさつ）	zona recreativa en la prefectura de Gunma
※志賀高原（しがこうげん）	altiplanicie que forma parte de un parque nacional en la prefectura de Nagano

〈読（よ）み物（もの）〉

朱（しゅ）	bermellón
交（まじ）わりますⅠ	tratar con
ことわざ	proverbio, refrán
関係（かんけい）	relación
仲（なか）よく しますⅢ	tener buena relación con, llevarse bien con
必要（ひつよう）［な］	necesario, esencial

II. Traducción

Frases modelo
1. Cuando llega la primavera, florecen los cerezos.
2. Cuando hace buen tiempo, por allá se ve una isla.
3. Junio es la mejor época para viajar a Hokkaido.

Ejemplos de oraciones
1. No puedo abrir la ventanilla del coche.
   ······Si pulsa ese botón, se abrirá.
2. ¿Tienen Uds. alguna otra opinión?
   ······No, ninguna en particular.
   Si no hay más opiniones, terminemos entonces.
3. ¿Qué le parece la vida en Japón?
   ······Es muy práctica, pero creo que sería mejor si el coste de la vida fuera más barato.
4. ¿Tengo que entregar el informe para mañana?
   ······Si no puede, entréguelo para el viernes.
5. Me gustaría tomar prestados algunos libros. ¿Qué tengo que hacer?
   ······Pida en la recepción que le hagan una tarjeta.
6. Estoy pensando en viajar 2 ó 3 días. ¿Podría recomendarme un buen lugar?
   ······Pues, si se trata de 2 ó 3 días, creo que lo mejor sería ir a Hakone o a Nikko.

Diálogo

¿Podría recomendarme un buen lugar?

Thawaphon: Sr. Suzuki, me gustaría ir a esquiar con mis amigos durante las vacaciones de invierno. ¿Podría recomendarme un buen lugar?
Suzuki: ¿Cuántos días tiene previsto ir?
Thawaphon: Unos 3 días.
Suzuki: En ese caso, creo que estaría bien ir a Kusatsu o a Shiga-Kogen. Allí hay también aguas termales.
Thawaphon: ¿Cómo puedo ir allí?
Suzuki: Puede ir en trenes de JR, pero si toma el autobús nocturno, puede llegar allí por la mañana, y resulta muy práctico.
Thawaphon: ¿De verdad?
¿Qué es más barato: el tren o el autobús?
Suzuki: No lo sé. Si va a una agencia de viajes, encontrará información más detallada.
Thawaphon: Además, resulta que no tengo ni equipo ni ropa de esquí.
Suzuki: Puede alquilarlo todo en la estación de esquí. Si esto le preocupa, puede hacer la reserva también en la agencia de viajes.
Thawaphon: Entiendo. Muchas gracias.

III. Palabras e informaciones de referencia

ことわざ　　Proverbios y refranes

住めば都

Uno puede acostumbrarse a vivir en cualquier lado y convertirlo en su hogar.

三人寄れば文殊の知恵

Cuatro ojos ven más que dos.
El trabajo en equipo es importante. Cuando tres personas colaboran, las posibilidades de que lo que hacen tenga éxito son mayores que si sólo una se enfrenta a la tarea.

立てばしゃくやく、座ればぼたん、歩く姿はゆりの花

Cuando se levanta es como una peonía, cuando se sienta es como una peonía arbórea, y cuando camina es como un lirio. Al comparar a una mujer con las flores lo que se quiere resaltar es que se trata de una mujer de gran belleza.

ちりも積もれば山となる

Muchos pocos hacen un mucho.
No se debe menospreciar algo por pequeño que sea, ya que las cosas pequeñas adquieren un gran valor cuando forman un conjunto.

うわさをすれば影

Hablando del rey de Roma, por la puerta asoma.
Cuando se habla sobre una persona, ésta suele aparecer de repente.

苦あれば楽あり、楽あれば苦あり

No hay alegría sin dolor.
La vida no está llena solamente de alegrías o de tristezas, sino que hay momentos en los que uno sufre pero después disfruta, y viceversa.

IV. Notas gramaticales

1. Construcción de la forma condicional (véase la práctica A1 de la lección 35 del Texto Principal)

Grupo I: Sustituir el último sonido de la forma-ます, el sonido de la columna-い, por el sonido de la columna-え y añadir ば.
Grupo II: Añadir れば a la forma-ます.
Grupo III: し-ます → すれば　　き-ます → くれば
[Nota] Para transformar una forma negativa de un verbo (Ej.: いかない) en forma condicional hay que añadir なければ a la forma-ない (Ej.: いか).
A-い: Sustituir el último い de A-い por ければ.
A-な: Quitar el último な de A-な y añadir なら.
S: Añadir なら.

2. | Forma condicional、～ |

1) La forma condicional indica que la parte anterior de la oración describe las condiciones necesarias para que ocurra un acontecimiento o hecho que aparece en la parte posterior (oración principal).
　① ボタンを 押せば、窓が 開きます。　Si pulsa el botón, se abrirá la ventana.
　② 彼が 行けば、わたしも 行きます。　Si él va, yo también iré.
　③ あした 都合が よければ、来て ください。
　　Si mañana le viene bien, venga, por favor.
　④ いい 天気なら、向こうに 島が 見えます。
　　Cuando hace buen tiempo, por allá se ve una isla.

2) El hablante expresa un juicio en relación a algo que el oyente ha mencionado, o sobre una determinada circunstancia.
　⑤ ボールペンが ないんですが。
　　……ボールペンが なければ、鉛筆で 書いて ください。
　　No tengo bolígrafo.
　　…… Si no tiene bolígrafo, escriba con lápiz, por favor.
　⑥ あしたまでに レポートを 出さなければ なりませんか。
　　……無理なら、金曜日までに 出して ください。
　　¿Tengo que entregar el informe para mañana?
　　…… Si no puede, entréguelo para el viernes.

Por norma general, en la parte posterior (oración principal) no suelen emplearse expresiones que denotan intención, esperanza, órdenes o solicitudes. No obstante, sí es posible utilizarlas cuando el sujeto de la parte posterior y el de la parte anterior son diferentes, como en el ejemplo ②, o cuando en la parte anterior el predicado indica una situación, como en los ejemplos ③ y ⑤.

[Referencia] Comparación con las expresiones similares estudiadas hasta el momento.

1) ～と (lección 23)
と indica que, cuando se materializa la acción o circunstancia descrita antes de と, la situación, circunstancia, fenómeno o acción que aparece en la oración principal posterior ocurre necesariamente. En la parte posterior (oración principal) no se emplean expresiones que denotan intención, esperanza, órdenes o solicitudes.
　⑦ ここを 押すと、ドアが 開きます。　Pulse aquí y se abrirá la puerta.
El ejemplo ⑦ puede construirse también usando ～ば.
　⑧ ここを 押せば、ドアが 開きます。　Si pulsa aquí, se abrirá la puerta.

2) 〜たら (lección 25)

La expresión 〜たら puede utilizarse de dos formas: (1) como expresión condicional y (2) en caso de que se sepa que ocurrirá una situación indicada por la frase modelo V forma-たら, como manera de expresar que ocurrirá una acción o circunstancia de la oración principal posterior, después de que ocurra la situación indicada por V forma-たら. En la parte posterior (oración principal) se emplean expresiones que denotan intención, esperanza, órdenes o solicitudes.

⑨ 東京へ 来たら、ぜひ 連絡して ください。
   Póngase en contacto conmigo sin falta cuando venga a Tokio, por favor.
   ×東京へ 来ると、ぜひ 連絡して ください。
   ×東京へ 来れば、ぜひ 連絡して ください。
⑩ 田中さんが 東京へ 来れば、[わたしは] 会いに 行きます。
   Si el Sr. Tanaka viene a Tokio, iré a verlo.

En oraciones como la del ejemplo ⑨, se puede utilizar 〜たら si en la parte posterior (oración principal) aparece reflejada la voluntad del hablante; sin embargo, no es posible emplear 〜と ni 〜ば. No obstante, según se observa en el ejemplo ⑩, si el sujeto de la parte anterior y el de la parte posterior son diferentes, puede emplearse 〜ば aunque se exprese la intención del hablante en la parte posterior (oración principal). 〜たら puede utilizarse en más supuestos que el resto de las expresiones; sin embargo, no suele emplearse en el lenguaje escrito, ya que se trata de una expresión coloquial.

3. Interrogativo + V forma condicional いいですか

Esta expresión se usa para pedir al oyente instrucciones o sugerencias. Se utiliza de la misma manera que 〜たら いいですか, que aprendimos en la lección 26.

⑪ 本を 借りたいんですが、どう すれば いいですか。
   Me gustaría tomar prestados algunos libros. ¿Qué tengo que hacer?
⑫ 本を 借りたいんですが、どう したら いいですか。
   Me gustaría tomar prestados algunos libros. ¿Qué tengo que hacer? (lección 26)

4. S なら、〜

S なら、〜 se usa también cuando el hablante toma un tema introducido por otra persona y da alguna información al respecto.

⑬ 温泉に 行きたいんですが、どこが いいですか。
   ……温泉なら、白馬が いいですよ。
   Me gustaría ir a unas aguas termales. ¿Podría recomendarme un buen lugar?
   …… Si se trata de aguas termales, Hakuba es un buen lugar.

5. 〜は ありませんか (oración interrogativa negativa)

⑭ 2、3日 旅行を しようと 思って いるんですが、どこか いい 所は ありませんか。
   Estoy pensando en viajar 2 ó 3 días. ¿Podría recomendarme un buen lugar?

En el ejemplo ⑭, いい ところは ありませんか tiene el mismo significado que いい ところは ありますか. Sin embargo, la pregunta con ありませんか denota consideración hacia el oyente, ya que facilita que éste responda "No". En términos generales, las oraciones interrogativas negativas representan una manera más cortés de preguntar que las oraciones interrogativas afirmativas. En la respuesta se emplean はい、あります y いいえ、ありません.

Lección 36

I. Vocabulario

あいますⅠ		encontrarse con [un accidente]
［じこに～］	［事故に～］	
ちょきんしますⅢ	貯金します	ahorrar dinero
すぎますⅡ	過ぎます	pasar [las siete]
［7じを～］	［7時を～］	
なれますⅡ	慣れます	acostumbrarse a [el trabajo]
［しごとに～］	［仕事に～］	
くさりますⅠ	腐ります	pudrirse [la comida], descomponerse, agriarse
［たべものが～］	［食べ物が～］	
けんどう	剣道	kendo (esgrima japonesa)
じゅうどう*	柔道	judo
ラッシュ		hora punta
うちゅう	宇宙	universo, espacio
きょく	曲	pieza musical, canción
まいしゅう	毎週	todas las semanas, semanalmente
まいつき*	毎月	todos los meses, mensualmente
まいとし*	毎年	todos los años, anualmente
（まいねん）		
このごろ		últimamente
やっと		por fin, finalmente
かなり		bastante
かならず	必ず	sin falta, de cualquier manera
ぜったいに	絶対に	de ninguna manera, en absoluto
じょうずに	上手に	bien, hábilmente
できるだけ		en la medida de lo posible
ほとんど		casi (en oraciones afirmativas); apenas, casi no (en oraciones negativas)
※ショパン		Frédéric Chopin (1810-1849): músico polaco

〈会話〉

お客様	invitado, cliente (expresión respetuosa de おきゃくさん)
特別[な]	especial, particular
して いらっしゃいます	estar haciendo, hacer (expresión respetuosa de して います)
水泳	natación
違いますⅠ	ser diferente
使って いらっしゃるんですね。	Utiliza, ¿verdad? (expresión respetuosa de つかって いるんですね)
チャレンジしますⅢ	desafiar, intentar
気持ち	sentimiento, voluntad, entusiasmo

〈読み物〉

乗り物	vehículo
〜世紀	siglo –
遠く	lejos
珍しい	raro, curioso
汽車	tren de vapor
汽船	barco de vapor
大勢の 〜	mucha (gente), un gran número de
運びますⅠ	llevar, transportar
利用しますⅢ	usar, utilizar, aprovechar
自由に	libremente

II. Traducción

Frases modelo
1. Todos los días practico para poder nadar más rápido.
2. Por fin he aprendido a montar en bicicleta.
3. Intento escribir en mi diario todos los días.

Ejemplos de oraciones
1. ¿Eso es un diccionario electrónico?
   ……Sí. Lo tengo para poder buscar inmediatamente las palabras que no entienda.
2. ¿Qué significa el círculo rojo en el calendario?
   ……Es el día que recogen la basura. Lo marco para no olvidarme.
3. ¿Se ha acostumbrado ya a la comida japonesa?
   ……Sí. Al principio no podía comer bien, pero ahora como de todo.
4. ¿Ya sabe tocar alguna pieza de Chopin?
   ……No, todavia no sé.
   　Me gustaría conseguir tocar alguna pronto.
5. Han construido una nueva carretera, ¿verdad?
   ……Sí, ahora se puede ir al pueblo de mi marido en cuatro horas.
6. ¿No come dulces?
   ……No, intento no comer dulces en la medida de lo posible.
7. El examen empieza a las nueve. Procure no llegar tarde, por favor.
   Si se retrasa, no podrá entrar.
   ……Sí, de acuerdo.

Diálogo
Procuro hacer ejercicio todos los días

Locutor: Hola a todos. Nuestra invitada de hoy es la Sra. Yone Ogawa, que ha cumplido 80 años este año.
Ogawa Yone: Hola.
Locutor: Tiene Ud. muy buen aspecto. ¿Hace algo en particular para mantener una buena salud?
Ogawa Yone: Procuro hacer ejercicio todos los días.
Locutor: ¿Qué tipo de ejercicio hace?
Ogawa Yone: Baile, natación...
　Últimamente he logrado nadar 500 metros.
Locutor: ¡Increíble! ¿Qué come?
Ogawa Yone: Como de todo, pero me gusta especialmente el pescado.
　Procuro preparar platos diferentes todos los días.
Locutor: Utiliza mucho la cabeza y el cuerpo, ¿verdad?
Ogawa Yone: Sí. Pienso viajar a Francia el año que viene, así que he empezado a estudiar francés también.
Locutor: Es importante querer proponerse hacer cualquier cosa, ¿verdad?
　Muchas gracias por contarnos tantas cosas interesantes.

III. Palabras e informaciones de referencia

健康(けんこう) Salud

いいださん
- 規則正(きそくただ)しい生活(せいかつ)をする
  lleva una vida ordenada
- 早寝(はやね)、早起(はやお)きをする
  se acuesta y se levanta temprano
- 運動(うんどう)する／スポーツをする
  hace ejercicio/practica deporte
- よく歩(ある)く
  camina mucho
- 好(す)き嫌(きら)いがない
  come de todo
- 栄養(えいよう)のバランスを考(かんが)えて食(た)べる
  lleva una dieta equilibrada
- 健康診断(けんこうしんだん)を受(う)ける
  se somete a chequeos médicos

だめださん
- 夜更(よふ)かしをする
  se acuesta tarde
- あまり運動(うんどう)しない
  hace poco ejercicio físico
- 好(す)き嫌(きら)いがある
  no come de todo
- よくインスタント食品(しょくひん)を食(た)べる
  consume mucha comida instantánea
- 外食(がいしょく)が多(おお)い
  come muchas veces fuera
- たばこを吸(す)う
  fuma
- よくお酒(さけ)を飲(の)む
  bebe mucho

5つの大切(たいせつ)な栄養素(えいようそ)とそれを含(ふく)む食(た)べ物(もの)
Cinco nutrientes importantes y alimentos que los contienen

- 炭水化物(たんすいかぶつ) hidratos de carbono
- いも patatas
- のり alga *nori*
- カルシウム calcio
- 海草(かいそう) algas
- とうふ tofu
- たんぱく質(しつ) proteínas
- 豆(まめ) legumbres
- 脂肪(しぼう) grasas
- ビタミン vitaminas

IV. Notas gramaticales

1. | V₁ **forma de diccionario** |
　　　| V₁ (**forma-** ない)ない | } ように、V₂

ように expresa la realización de la situación que precede a ～ように como objetivo o propósito de V₂. Se emplea con la forma de diccionario de verbos que no expresan la intención (ejemplo ①), tales como los verbos potenciales y otros verbos como わかります, みえます, きこえます, なります, etc., o con la forma negativa de los verbos (ejemplo ②).

① 速く 泳げるように、毎日 練習して います。
　　Todos los días practico para poder nadar más rápido.
② 忘れないように、メモして ください。
　　Tome apuntes para no olvidar, por favor.

2. | V **forma de diccionario** ように なります |

1) なります indica un cambio de situación. Los verbos que se emplean aquí expresan habilidad o posibilidad, como los verbos potenciales y otros verbos como わかります, みえます, etc. V forma de diccionario ように なります hace referencia a una situación imposible o irrealizable que se convierte en posible o realizable.

③ 毎日 練習すれば、泳げるように なります。
　　Si practica diariamente, será capaz de nadar.
④ やっと 自転車に 乗れるように なりました。
　　Por fin he aprendido a montar en bicicleta.

2) La respuesta a la pregunta ～ように なりましたか empleando la forma negativa いいえ sería:

⑤ ショパンの 曲が 弾けるように なりましたか。
　　……いいえ、まだ 弾けません。
　　¿Ya sabe tocar alguna pieza de Chopin?
　　…… No, todavía no sé.

[Nota] Aunque en el Texto Principal no aparece, cuando la frase modelo V forma de diccionario ように なります se emplea con verbos que no son potenciales o con otros verbos a excepción de わかります y みえます, expresa que se ha adquirido una costumbre o hábito que antes no se tenía, como en el ejemplo ⑥.

⑥ 日本人は 100年ぐらいまえから 牛肉や 豚肉を 食べるように なりました。
　　Los japoneses comenzaron a comer carne de vaca y de cerdo hace unos cien años.

3. | V **forma de diccionario** |
　　　| V (**forma-** ない)ない | } ように します

1) ～ように して います

Esta frase modelo se usa para expresar que uno realiza esfuerzos para hacer algo una costumbre o hábito.

⑦ 毎日 運動して、何でも 食べるように して います。
　　Procuro hacer ejercicio todos los días y comer de todo.
⑧ 歯に 悪いですから、甘い 物を 食べないように して います。
　　Intento no comer dulces porque es malo para los dientes.

2) 〜ように して ください

〜ように して ください se utiliza para pedirle a otra persona que realice esfuerzos encaminados a la consecución de una determinada acción. 〜て／〜ないで ください son expresiones para solicitar algo de manera directa, mientras que 〜ように して ください sirve para hacerlo de forma indirecta y, por lo tanto, es más cortés. Esta frase modelo se usa de la siguiente manera.

⑨ もっと 野菜を 食べるように して ください。
　　Procure comer más verdura, por favor.

⑩ 絶対に パスポートを なくさないように して ください。
　　Intente no perder el pasaporte bajo ninguna circunstancia, por favor.

[Nota] 〜ように して ください no puede usarse cuando se le pide a alguien que haga algo inmediatamente.

⑪ すみませんが、塩を 取って ください。
　　Disculpe, páseme la sal, por favor.
　×すみませんが、塩を 取るように して ください。

4. 早い→早く　　上手な→上手に

Cuando un adjetivo modifica un verbo u otro adjetivo, es necesario realizar cambios en su forma. A-い adquiere la forma 〜く , mientras que A-な toma la forma 〜に .

⑫ 早く 上手に お茶が たてられるように なりたいです。
　　Me gustaría llegar a preparar bien el té (de la ceremonia del té) pronto.

Lección 37

I. Vocabulario

ほめます II	褒めます	alabar, elogiar
しかります I		reprochar, reñir, regañar
さそいます I	誘います	invitar
しょうたいします III	招待します	invitar
たのみます I	頼みます	pedir, solicitar
ちゅういします III	注意します	advertir, avisar
とります I		robar, quitar
ふみます I	踏みます	pisar
こわします I	壊します	destruir, demoler
よごします I	汚します	ensuciar
おこないます I	行います	celebrar, llevar a cabo, realizar
ゆしゅつします III	輸出します	exportar
ゆにゅうします III	輸入します	importar
ほんやくします III	翻訳します	traducir
はつめいします III	発明します	inventar
はっけんします III	発見します	descubrir
こめ*	米	arroz
むぎ	麦	trigo, cebada
せきゆ	石油	petróleo
げんりょう	原料	materia prima
インスタントラーメン		fideos chinos instantáneos
デート		cita
どろぼう	泥棒	ladrón
けいかん	警官	policía
せかいじゅう	世界中	en todo el mundo
〜じゅう	〜中	en todo 〜
−せいき	−世紀	siglo −
なにご	何語	qué idioma
だれか		alguien
よかったですね。		Qué bien, ¿verdad?
※オリンピック		Juegos Olímpicos
※ワールドカップ		Copa Mundial
※東大寺		templo Todai
※大仏		Gran Buda
※江戸時代		era Edo (1603-1868)
※ポルトガル		Portugal
※サウジアラビア		Arabia Saudita

※ロシア	Rusia

〈会話〉

皆様	todos (expresión respetuosa de みなさん)
焼けますⅡ［うちが〜］	incendiarse [una casa]
その後	posteriormente
世界遺産	Patrimonio de la Humanidad
〜の一つ	uno de los 〜
金色	dorado
本物	de verdad
金	oro
ーキロ	– kilogramos, – kilómetros
美しい	hermoso, bonito

〈読み物〉

豪華［な］	magnífico, maravilloso, espléndido
彫刻	escultura
言い伝え	tradición oral, leyenda
眠りますⅠ	dormir
彫りますⅠ	grabar, cincelar
仲間	compañero, amigo
しかし	pero, sin embargo
そのあと	después de eso
一生懸命	con todas sus fuerzas, con afán
ねずみ	rata, ratón
一匹もいません。	No hay ni uno (ni un ratón).
※東照宮	santuario dedicado a Tokugawa Ieyasu en Nikko, prefectura de Tochigi
※眠り猫	*El gato durmiente* (nombre de una escultura)
※左甚五郎	famoso escultor japonés de la era Edo (1594-1651)

II. Traducción

Frases modelo
1. Cuando era niño, mi madre me regañaba mucho.
2. Me pisaron en el tren durante la hora punta.
3. El templo Horyu fue construido en el año 607.

Ejemplos de oraciones
1. Esta mañana me ha llamado el gerente de departamento.
   ······¿Ha pasado algo?
   Me ha llamado la atención por mi forma de redactar los informes sobre los viajes de negocios.
2. ¿Qué le pasa?
   ······Alguien se ha llevado mi paraguas por error.
3. Han vuelto a descubrir una nueva estrella.
   ······¿De veras?
4. ¿Dónde se celebrará la Conferencia Mundial de los Niños de este año?
   ······Tendrá lugar en Hiroshima.
5. La cerveza se elabora a partir de la cebada.
   Esta es la cebada que sirve de materia prima de la cerveza.
   ······Esto se convertirá en cerveza.
6. ¿Qué idioma se habla en Brasil?
   ······Se habla portugués.

Diálogo

El templo Kinkaku fue construido en el siglo XIV

Guía: Aquel edificio es el famoso templo Kinkaku (Pabellón de Oro). El Pabellón de Oro fue construido en el siglo XIV. En 1950 un incendio lo destruyó, así que lo construyeron de nuevo posteriormente. En 1994 fue declarado Patrimonio de la Humanidad. Es uno de los templos más populares de Kioto.
Karina: ¡Qué bonito es! Las paredes son de color dorado, pero, ¿es oro de verdad?
Guía: Sí. Usaron unos 20 kilos de oro.
Karina: ¿De verdad? ¿Se puede entrar en él?
Guía: No, no se puede entrar. Obsérvenlo mientras caminamos alrededor del estanque.
   ··
Karina: ¡Qué bonitas son las hojas rojas de los árboles en otoño!
Guía: Sí. Se dice que el templo Kinkaku es particularmente bonito en otoño, cuando las hojas de los árboles están rojas, y cuando nieva en invierno.

III. Palabras e informaciones de referencia

事故・事件　Accidentes e incidentes

殺す matar	撃つ disparar	刺す apuñalar	かむ morder
ひく atropellar, arrollar	はねる atropellar, arrollar	衝突する chocar	追突する dar un golpe por detrás, chocar por detrás
盗む robar	誘拐する raptar, secuestrar	ハイジャックする secuestrar un avión, autobús, tren, etc.	
墜落する caer, estrellarse	運ぶ llevar, transportar	助ける rescatar, salvar, socorrer	
	爆発する explotar	沈没する hundirse, naufragar	

IV. Notas gramaticales

1. Verbos pasivos

		Verbos pasivos	
		forma cortés	forma informal
I	かきます	かかれます	かかれる
II	ほめます	ほめられます	ほめられる
III	きます します	こられます されます	こられる される

(Véase la práctica A1 de la lección 37 del Texto Principal)

Todos los verbos pasivos se conjugan como verbos del Grupo II.

Ejemplo: かかれます　　かかれる　　かかれ(ない)　　かかれて

2. S_1 (persona $_1$) は S_2 (persona $_2$) に V pasivo

Cuando una acción realizada por una persona (persona $_2$) tiene como objetivo otra persona (persona $_1$), la parte receptora (persona $_1$) puede expresarla desde su perspectiva usando esta frase modelo. En este caso, la persona $_1$ pasa a ser el elemento principal y la persona que realizó la acción (persona $_2$) se marca mediante la partícula に.

　　先生が わたしを 褒めました。　　　　Mi profesor me elogió.
① わたしは 先生に 褒められました。　　(Yo) Fui elogiado por mi profesor.
　　母が わたしに 買い物を 頼みました。　Mi madre me pidió que fuera a comprar.
② わたしは 母に 買い物を 頼まれました。
　　Mi madre me pidió que fuera a comprar. (Lit. (Yo) Fui solicitado que fuera a comprar por mi madre.)

Un animal o un objeto animado (un coche, etc.) puede sustituir a la persona que realizó la acción en esta frase modelo.

③ わたしは 犬に かまれました。
　　Me mordió un perro. (Lit. (Yo) Fui mordido por un perro.)

3. S_1 (persona $_1$) は S_2 (persona $_2$) に S_3 を V pasivo

Cuando una acción de una persona (persona $_2$) afecta a un objeto (S_3) perteneciente a otra persona (persona $_1$), se emplea esta frase modelo para expresar el sentimiento del propietario del objeto (persona $_1$), generalmente de malestar.

　　弟が わたしの パソコンを 壊しました。
　　Mi hermano menor me estropeó el ordenador.
④ わたしは 弟に パソコンを 壊されました。
　　Mi hermano menor me estropeó el ordenador. (Lit. Tuve mi ordenador estropeado por mi hermano menor.)

Un animal o un objeto animado (un coche, etc.) puede sustituir a la persona que realizó la acción en esta frase modelo.

⑤ わたしは 犬に 手を かまれました。
　　Me mordió la mano un perro.

[Nota 1] En esta frase modelo el elemento principal no es el objeto sino la persona que siente malestar por la acción (el propietario del objeto). Por este motivo, la frase del ejemplo ④ no puede enunciarse de la siguiente manera: わたしの パソコンは おとうとに こわされました。

[Nota 2] Esta frase modelo se usa generalmente cuando la persona receptora de la acción se siente molesta, de ahí que no se pueda utilizar para expresar agradecimiento por un favor recibido. En ese caso se emplea 〜て もらいます.

×わたしは 友達に 自転車を 修理されました。

⑥ わたしは 友達に 自転車を 修理して もらいました。
    Mi amigo me arregló la bicicleta.

4. S (objeto/hecho) が／は V pasivo

Cuando no es necesario mencionar a la persona que realiza una acción, el objeto o hecho puede convertirse en el sujeto o elemento principal si se emplea un verbo pasivo.

⑦ 大阪で 展覧会が 開かれました。
    La exposición se celebró en Osaka.

⑧ 電話は 19世紀に 発明されました。
    El teléfono se inventó en el siglo XIX.

⑨ この 本は 世界中で 読まれて います。
    Este libro se lee en todo el mundo.

5. S から／S で つくります

Cuando se quiere expresar la materia prima de algún objeto, ésta se marca con から, mientras que el material del que está hecho aparece señalado con で.

⑩ ビールは 麦から 造られます。   La cerveza se elabora a partir de la cebada.

⑪ 昔 日本の 家は 木で 造られました。
    Antiguamente las casas japonesas estaban hechas de madera.

6. S₁ の S₂

⑫ ビールは 麦から 造られます。   La cerveza se elabora a partir de la cebada.
    これが 原料の 麦です。
    Esta es la cebada que sirve de materia prima de la cerveza.

En el ejemplo ⑫ げんりょうの むぎ expresa la relación de que la cebada es una materia prima. Otros usos se ven reflejados en ejemplos como ペットの いぬ (véase la lección 39) y むすこの ハンス (véase la lección 43).

7. この／その／あの S (posición)

Cuando se emplea この, その y あの con sustantivos que designan la posición, como うえ, した, なか, となり, ちかく, etc., se expresa la relación de ubicación con los objetos designados por los demostrativos.

⑬ あの 中に 入れますか。   ¿Se puede entrar ahí (dentro)?

En el ejemplo ⑬ あの なか significa あの たてものの なか.

Lección 38

I. Vocabulario

さんかします Ⅲ 　[りょこうに～]	参加します 　[旅行に～]	participar [en un viaje en grupo]
そだてます Ⅱ	育てます	cuidar, criar, cultivar
はこびます Ⅰ	運びます	llevar, transportar
にゅういんします Ⅲ	入院します	ingresar en el hospital
たいいんします Ⅲ	退院します	salir del hospital
いれます Ⅱ* 　[でんげんを～]	入れます 　[電源を～]	conectar [la corriente], encender
きります Ⅰ 　[でんげんを～]	切ります 　[電源を～]	cortar [la corriente], apagar
かけます Ⅱ 　[かぎを～]	掛けます	cerrar [con llave]
つきます Ⅰ 　[うそを～]		decir [una mentira], mentir
きもちが いい	気持ちが いい	agradable, cómodo, confortable
きもちが わるい*	気持ちが 悪い	desagradable, nauseabundo
おおきな ～	大きな ～	～ grande
ちいさな ～	小さな ～	～ pequeño
あかちゃん	赤ちゃん	bebé
しょうがっこう	小学校	escuela primaria
ちゅうがっこう*	中学校	escuela secundaria
えきまえ	駅前	el área enfrente de la estación
かいがん	海岸	costa (del mar), playa
こうじょう	工場	fábrica, factoría
むら	村	pueblo
かな		alfabeto japonés (*hiragana* y *katakana*)
ゆびわ	指輪	anillo
でんげん	電源	fuente de alimentación, toma de corriente
しゅうかん	習慣	costumbre
けんこう	健康	salud
～せい	～製	hecho en ～, fabricado en ～
おととし		hace 2 años

［あ、］いけない。	¡Ay!/¡Vaya! (interjección para lamentarse cuando uno se ha equivocado o algo ha salido mal)
おさきに［しつれいします］。 お先に［失礼します］。	Perdone/Disculpe (que me vaya/me marche antes).
※原爆ドーム	Cúpula de la Bomba Atómica
※出雲大社	santuario sintoísta de la ciudad de Izumo, en la prefectura de Shimane
※チェンマイ	ciudad de Chiang Mai (en Tailandia)

〈会話〉

回覧	circular
研究室	despacho
きちんと	ordenado
整理しますⅢ	ordenar
方法	método
～と いう	titulado ～
－冊	– volumen/volúmenes (sufijo de conteo para libros, etc.)
はんこ	sello
押しますⅠ［はんこを～］	estampar [el sello], sellar

〈読み物〉

双子	gemelos
姉妹	hermanas
5年生	estudiante de quinto curso
似て いますⅡ	ser parecido, parecerse
性格	personalidad, carácter
おとなしい	tranquilo, dócil
優しい	amable, cariñoso, tierno
世話を しますⅢ	cuidar, atender
時間が たちますⅠ	pasar, transcurrir
大好き［な］	favorito, preferido
－点	– punto(s)
気が 強い	agresivo, de carácter fuerte, emprendedor
けんかしますⅢ	pelearse, discutir
不思議［な］	fantástico, mágico, extraño, misterioso
年齢	edad
しかた	modo, manera

II. Traducción

Frases modelo
1. Pintar cuadros es divertido.
2. Me gusta contemplar las estrellas.
3. Se me ha olvidado traer la cartera.
4. Fue en marzo del año pasado cuando llegué a Japón.

Ejemplos de oraciones
1. ¿Sigue escribiendo en su diario?
   ······No, dejé de escribir a los tres días de haber empezado.
   Empezar es fácil, pero continuar es difícil, ¿verdad?
2. Este jardín es bonito, ¿verdad?
   ······Gracias. A mi marido se le da bien cuidar de las flores.
3. ¿Qué le parece Tokio?
   ······Hay mucha gente. Además, todo el mundo camina deprisa.
4. ¡Ay!
   ······¿Qué le pasa?
   Se me ha olvidado cerrar la ventanilla del coche.
5. ¿Sabe que la Sra. Miyazaki ha tenido un bebé?
   ······No, no lo sabía. ¿Cuándo lo tuvo?
   Hace un mes aproximadamente.
6. ¿Recuerda quién fue su primer amor?
   ······Sí. La conocí en el aula de la escuela primaria.
   Ella era profesora de música.

Diálogo

Me gusta ordenar

Empleada de la universidad:	Profesor Watt, aquí tiene una circular.
Watt:	Muy bien, gracias. Déjala allí, por favor.
Empleada de la universidad:	Su despacho siempre está muy ordenado, ¿verdad?
Watt:	Me gusta ordenar.
Empleada de la universidad:	Los libros están bien colocados...
	Se le da bien poner las cosas en orden, ¿verdad?
Watt:	Hace tiempo escribí un libro titulado *Cómo ordenar bien*.
Empleada de la universidad:	¡Oh! ¡Guau!
Watt:	Pero no se vendió mucho.
	Si quiere, le traigo uno.
	··
Empleada de la universidad:	Buenos días.
Watt:	¡Vaya! Se me ha olvidado traerle el libro. Lo siento.
Empleada de la universidad:	No se preocupe, pero no se olvide de sellar la circular, por favor. La del mes pasado no la selló tampoco.

III. Palabras e informaciones de referencia

位置（いち）　Posición y lugar

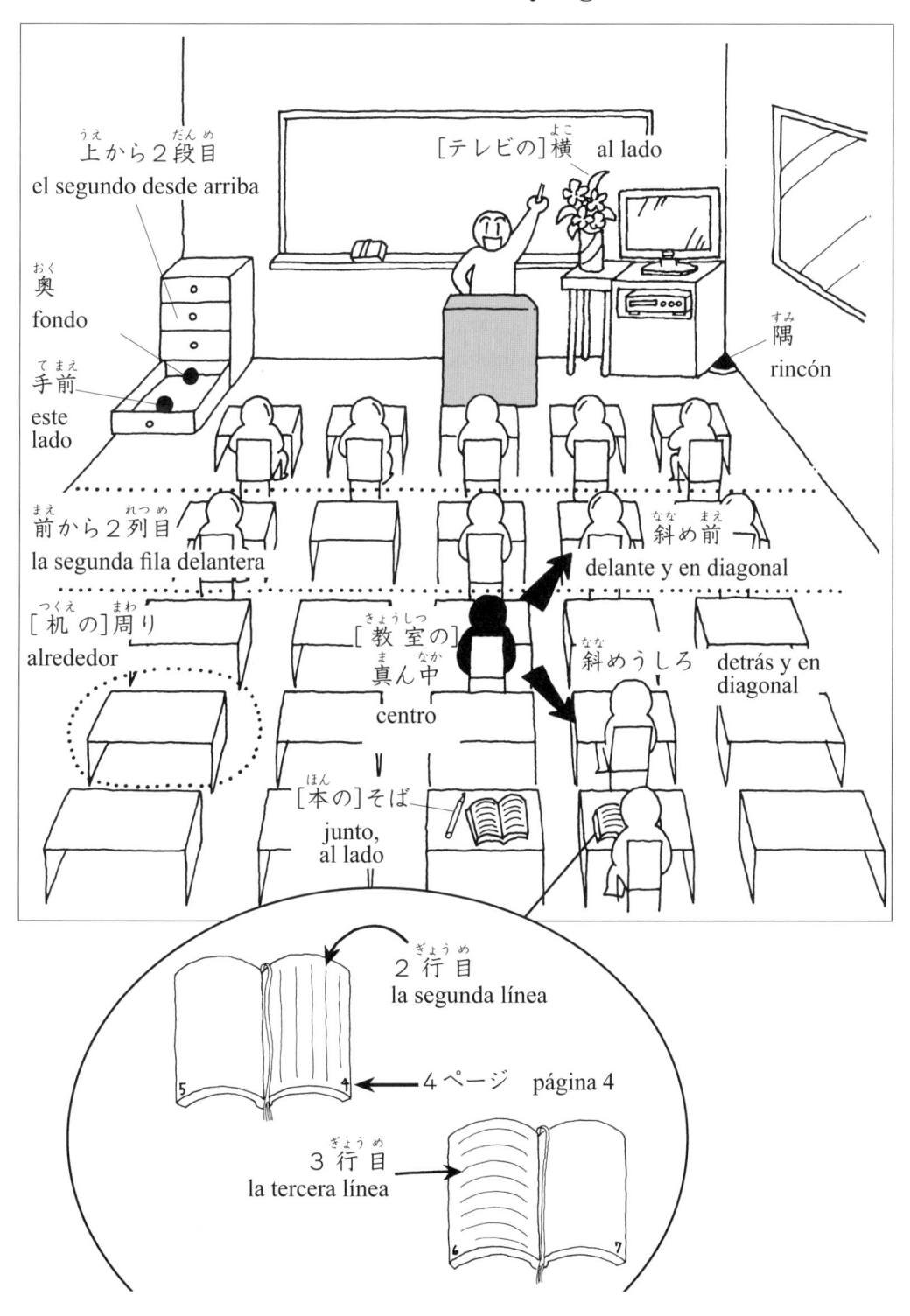

- 上（うえ）から2段目（だんめ）　el segundo desde arriba
- [テレビの]横（よこ）　al lado
- 奥（おく）　fondo
- 手前（てまえ）　este lado
- 隅（すみ）　rincón
- 前（まえ）から2列目（れつめ）　la segunda fila delantera
- 斜（なな）め前（まえ）　delante y en diagonal
- [机（つくえ）の]周（まわ）り　alrededor
- [教室（きょうしつ）の]真（ま）ん中（なか）　centro
- 斜（なな）めうしろ　detrás y en diagonal
- [本（ほん）の]そば　junto, al lado
- 2行目（ぎょうめ）　la segunda línea
- 4ページ　página 4
- 3行目（ぎょうめ）　la tercera línea

38

IV. Notas gramaticales

1. Sustantivación con la partícula の

La partícula の sirve para sustantivar diversas expresiones. Los verbos, adjetivos y sustantivos que se emplean con の no aparecen en la forma cortés, sino en la informal. A continuación se muestran algunas frases en las que se utilizan expresiones sustantivadas.

2. V forma de diccionario のは A です

① テニスは おもしろいです。　　　　El tenis es entretenido.
② テニスを するのは おもしろいです。　Jugar al tenis es entretenido.
③ テニスを 見るのは おもしろいです。　Ver partidos de tenis es entretenido.

Se trata de una frase modelo en la que V forma de diccionario の adquiere la categoría de elemento principal y, por lo tanto, se emplea la partícula は. Adjetivos tales como むずかしい, やさしい, おもしろい, たのしい, たいへん[な], etc., se usan con frecuencia en esta frase modelo.

Si comparamos el ejemplo ①, en el que no se usa の, con los ejemplos ② y ③, en los que sí se emplea la partícula, vemos que estas dos frases hacen referencia en concreto al hecho de que jugar al tenis o ver partidos de tenis es entretenido.

3. V forma de diccionario のが A です

④ わたしは 花が 好きです。　　　　　Me gustan las flores.
⑤ わたしは 花を 育てるのが 好きです。　Me gusta cultivar flores.
⑥ 東京の 人は 歩くのが 速いです。　　La gente de Tokio camina rápido.

V forma de diccionario の corresponde a un adjetivo. En esta frase modelo suelen emplearse adjetivos que describen las destrezas, las capacidades y los gustos, tales como すき[な], きらい[な], じょうず[な], へた[な], はやい, おそい, etc.

4. V forma de diccionario のを 忘れました Se me olvidó/Se me ha olvidado...

⑦ かぎを 忘れました。　　　　　　　Se me ha olvidado la llave.
⑧ 牛乳を 買うのを 忘れました。　　　Se me olvidó comprar leche.
⑨ 車の 窓を 閉めるのを 忘れました。
　　Se me ha olvidado cerrar la ventanilla del coche.

V forma de diccionario の se transforma en un objeto marcado por la partícula を. De este modo, se explica de manera concreta aquello que se le ha olvidado a uno.

5. | V forma informal のを 知って いますか | ¿Sabe que...?

V forma informal の se transforma en un objeto marcado por la partícula を. Esta frase modelo se emplea para preguntarle al oyente si tiene información concreta sobre un determinado asunto.

⑩ 鈴木さんが 来月 結婚するのを 知って いますか。

¿Sabe que el Sr. Suzuki va a casarse el próximo mes?

[Nota] Diferencia entre しりません y しりませんでした.

⑪ 木村さんに 赤ちゃんが 生まれたのを 知って いますか。

……いいえ、知りませんでした。

¿Sabe que la Sra. Kimura ha tenido un bebé?

…… No, no lo sabía.

⑫ ミラーさんの 住所を 知って いますか。　¿Sabe la dirección del Sr. Miller?

……いいえ、知りません。　　　　　　…… No, no la sé.

しりませんでした se usa en el ejemplo ⑪ debido a que el oyente ha obtenido la información de que "la Sra. Kimura ha tenido un bebé" a través de la pregunta del hablante; es decir, antes el oyente desconocía esa información. En el ejemplo ⑫, sin embargo, se usa しりません, ya que el oyente no ha obtenido ninguna información a partir de la pregunta.

6. | V　　　　forma informal
A-い　　 forma informal
A-な　　 forma informal
S₁　　　 ～だ→～な | のは S₂ です

Esta frase modelo sirve para enfatizar S₂.

⑬ 初めて 会ったのは いつですか。　　¿Cuándo nos conocimos?

……3年まえです。　　　　　　　　　…… Hace tres años.

En el ejemplo ⑬, lo que el hablante quiere preguntarle al oyente es cuándo ocurrió la acción de conocer a cierta persona.

Esta frase modelo se emplea a menudo para corregir la información dada por el oyente, tal y como se muestra en el ejemplo ⑭.

⑭ バンコクで 生まれたんですか。

……いいえ、生まれたのは チェンマイです。

¿Nació en Bangkok?

…… No, nací en Chiang Mai. (Lit. No, Chiang Mai es donde nací.)

El sujeto de la oración antecedente a ～のは no va acompañado de は sino de が.

⑮ 父が 生まれたのは 北海道の 小さな 村です。

El lugar donde nació mi padre es un pequeño pueblo de Hokkaido.

Lección 39

I. Vocabulario

こたえますⅡ [しつもんに〜]	答えます [質問に〜]	contestar [(a) una pregunta]
たおれますⅡ [ビルが〜]	倒れます	caerse, derrumbarse [un edificio]
とおりますⅠ [みちを〜]	通ります [道を〜]	pasar [por una calle]
しにますⅠ	死にます	morir(se)
びっくりしますⅢ		sorprenderse
がっかりしますⅢ		decepcionarse
あんしんしますⅢ	安心します	tranquilizarse
けんかしますⅢ		pelearse, discutir
りこんしますⅢ	離婚します	divorciarse
ふとりますⅠ	太ります	engordar
やせますⅡ*		adelgazar
ふくざつ[な]	複雑[な]	complicado, complejo
じゃま[な]	邪魔[な]	molesto, fastidioso, obstaculizador
かたい	硬い	duro, sólido
やわらかい*	軟らかい	blando, tierno, suave
きたない	汚い	sucio
うれしい		feliz, alegre, contento
かなしい	悲しい	triste
はずかしい	恥ずかしい	avergonzado
しゅしょう	首相	primer ministro
じしん	地震	terremoto, seísmo, sismo
つなみ	津波	maremoto
たいふう	台風	tifón
かみなり	雷	trueno
かじ	火事	incendio
じこ	事故	accidente
ハイキング		senderismo
[お]みあい	[お]見合い	encuentro entre dos pesonas concertado por una tercera parte, generalmente sus familias, con vistas a que se casen
そうさ	操作	manejo, maniobra (〜します：manejar, maniobrar)
かいじょう	会場	local o sala para la celebración de reuniones y actos diversos
〜だい	〜代	tarifa de 〜, precio de 〜, coste de 〜
〜や	〜屋	el que se dedica a vender 〜, vendedor de 〜

フロント		recepción
ーごうしつ	一号室	número de habitación –
タオル		toalla
せっけん		jabón
おおぜい	大勢	mucha (gente), un gran número de
おつかれさまでした。	お疲れさまでした。	Que le vaya bien. (se usa al despedirse de un compañero o subordinado para expresar agradecimiento por el trabajo realizado)
うかがいます。	伺います。	Iré. (expresión humilde de いきます)

〈会話〉

途中で	en el camino, a medio camino, cuando iba o venía
トラック	camión
ぶつかりますⅠ	chocar

〈読み物〉

大人	adulto
しかし	pero, sin embargo
また	y, además
洋服	ropa de estilo occidental
西洋化しますⅢ	occidentalizarse
合いますⅠ	venir bien a, sentar bien a, ser apto para, quedar bien
今では	ahora
成人式	ceremonia para celebrar que se ha alcanzado la mayoría de edad
伝統的[な]	tradicional

II. Traducción

Frases modelo
1. Me sorprendí al escuchar la noticia.
2. Se derrumbó un edificio a causa de un terremoto.
3. No me encuentro bien, así que voy a ir al hospital.

Ejemplos de oraciones
1. ¿Qué tal fue el *omiai*?
   ······Cuando lo vi en la foto, me pareció guapo, pero me decepcioné cuando lo conocí.
2. Este sábado vamos a ir a hacer senderismo todos juntos. ¿Le gustaría venir con nosotros?
   ······Lo siento, este sábado no me viene bien, así que no puedo ir.
3. ¿Qué tal fue la película de ayer?
   ······La historia era complicada, así que no la entendí bien.
4. Siento haber llegado tarde.
   ······¿Qué le ha pasado?
   El autobús se ha retrasado por un accidente.
5. ¿Por qué no vamos a tomar algo?
   ······Lo siento, es que tengo algo que hacer, así que me marcho antes.
   Bueno, pues que le vaya bien.
6. Recientemente duermo en un futón. Me parece muy práctico.
   ······¿Qué hizo con su cama?
   Se la regalé a un amigo porque mi habitación es pequeña y la cama me molestaba.

Diálogo

Siento haber llegado tarde

Miller: Sra. Nakamura, siento haber llegado tarde.
Nakamura: ¿Qué le ha pasado, Sr. Miller?
Miller: Es que cuando venía aquí ha ocurrido un accidente y el autobús se ha retrasado.
Nakamura: ¿El autobús ha tenido un accidente?
Miller: No. Han chocado un camión y un coche en un cruce, y el autobús no podía moverse.
Nakamura: ¡Vaya problema!
Como no nos ha avisado, estábamos todos preocupados.
Miller: Quería llamar, pero me he olvidado el teléfono móvil en casa. Lo siento.
Nakamura: Entiendo. Empecemos la reunión entonces.

III. Palabras e informaciones de referencia

気持ち　Sentimientos

うれしい feliz, contento	楽しい alegre, divertido	寂しい solo, en soledad	悲しい triste
おもしろい interesante, gracioso	うらやましい tener envidia	恥ずかしい avergonzado, sentir vergüenza	懐かしい nostálgico, sentir nostalgia
びっくりする sorprenderse	がっかりする decepcionarse	うっとりする quedar cautivado/encantado	
いらいらする irritarse, impacientarse	どきどきする ponerse/estar nervioso	はらはらする inquietarse, estar inquieto	わくわくする emocionarse, estar emocionado

IV. Notas gramaticales

1. ～て(で)、～

En las lecciones 16 y 34 estudiamos el uso de ～て(で)、～. En esta lección aprenderemos que esta frase modelo puede emplearse también para expresar la causa o razón en la parte anterior y el resultado derivado de dicha causa o razón en la parte posterior. En la parte posterior aparecen expresiones que no denotan la intención o que indican una situación.

1)
| V forma- て |
| V (forma- ない)なくて |
| A- い(～い) → ～くて |
| A- な[な] → で |
、 ～

En la parte posterior suelen aparecer los siguientes verbos, adjetivos y expresiones:

(1) Verbos y adjetivos para expresar sentimientos y sensaciones, tales como びっくりします, あんしんします, こまります, さびしい, うれしい, ざんねん[な], etc:

① ニュースを 聞いて、びっくりしました。
   Me sorprendí al escuchar la noticia.
② 家族に 会えなくて、寂しいです。
   Me siento solo por no poder ver a mi familia.

(2) Verbos y expresiones que indican posibilidad o situaciones

③ 土曜日は 都合が 悪くて、行けません。
   El sábado no me viene bien, así que no puedo ir.
④ 話が 複雑で、よく わかりませんでした。
   La historia era complicada, así que no la entendí bien.
⑤ 事故が あって、バスが 遅れて しまいました。
   Ha ocurrido un accidente y el autobús se ha retrasado.
⑥ 授業に 遅れて、先生に しかられました。
   Como llegué tarde a clase, el profesor me riñó.

[Nota] Cuando en la parte posterior se expresa la intención (volición, órdenes, invitación o solicitud), se emplea ～から.

⑦ 危ないですから、機械に 触らないで ください。
   Es peligroso, así que no toque la máquina, por favor.
   ×危なくて、機械に 触らないで ください。

2) S で

Los sustantivos que se utilizan en este caso indican fenómenos naturales, acontecimientos y sucesos, tales como じこ, じしん, かじ, etc.

⑧ 地震で ビルが 倒れました。　　Se derrumbó un edificio a causa de un terremoto.
⑨ 病気で 会社を 休みました。　　Falté al trabajo por enfermedad.

2.

```
V
A-い   } forma informal
A-な   } forma informal   ので、~
S      } ~だ→~な
```

Al igual que ~から, que aprendimos en la lección 9, ~ので indica causas y razones. ので expresa la relación de causa y efecto existente entre determinados acontecimientos. Sirve para mencionar el resultado derivado de cierta causa, por lo que es una expresión adecuada para explicarle al oyente de manera suave los motivos que uno tiene a la hora de pedir autorización o justificarse.

⑩ 日本語が わからないので、英語で 話して いただけませんか。
   Como no entiendo japonés, ¿podría hablar en inglés?

⑪ 用事が あるので、お先に 失礼します。
   Tengo algo que hacer, así que me marcho antes.

3. 途中で

途中で significa "en un determinado momento durante el desplazamiento a algún lugar". Se utiliza con V forma de diccionario o S の.

⑫ 実は 来る 途中で 事故が あって、バスが 遅れて しまったんです。
   Es que cuando venía aquí ha ocurrido un accidente y el autobús se ha retrasado.

⑬ マラソンの 途中で 気分が 悪く なりました。
   Me empecé a encontrar mal durante la maratón.

Lección 40

I. Vocabulario

かぞえます II	数えます	contar
はかります I	測ります、量ります	medir, pesar
たしかめます II	確かめます	confirmar, asegurar, comprobar
あいます I [サイズが～]	合います	quedar bien [la talla], venir bien a, sentar bien a, ser apto para
しゅっぱつします III*	出発します	salir, partir
とうちゃくします III	到着します	llegar
よいます I	酔います	emborracharse
うまく いきます I		ir bien
でます II [もんだいが～]	出ます [問題が～]	salir [una pregunta]
そうだんします III	相談します	consultar
ひつよう[な]	必要[な]	necesario, esencial
てんきよほう	天気予報	pronóstico meteorológico
ぼうねんかい	忘年会	fiesta de Fin de Año
しんねんかい*	新年会	fiesta de Año Nuevo
にじかい	二次会	fiesta que se realiza después de otra celebración
はっぴょうかい	発表会	presentación
たいかい	大会	convención, competición
マラソン		maratón
コンテスト		concurso
おもて	表	cara, anverso
うら*	裏	dorso, reverso
まちがい		error, equivocación
きず	傷	defecto, herida
ズボン		pantalones
[お]としより	[お]年寄り	anciano
ながさ*	長さ	longitud
おもさ	重さ	peso
たかさ	高さ	altura
おおきさ*	大きさ	tamaño
[－]びん	[－]便	número de vuelo
－こ*	－個	(sufijo de conteo para objetos pequeños)
－ほん (－ぽん、－ぼん)	－本	(sufijo de conteo para objetos alargados)

－はい （－ぱい、－ばい）*	－杯	(sufijo de conteo para copas o vasos llenos)
－センチ*		– centímetros
－ミリ*		– milímetros
－グラム*		– gramos
～いじょう*	～以上	no menos de ～, más de ～
～いか	～以下	no más de ～, menos de ～

※長崎（ながさき）	capital de la prefectura de Nagasaki
※仙台（せんだい）	capital de la prefectura de Miyagi
※JL	Japan Airlines (compañía aérea japonesa)
※七夕祭り（たなばたまつり）	festival de las estrellas *Tanabata*
※東照宮（とうしょうぐう）	santuario dedicado a Tokugawa Ieyasu en Nikko, prefectura de Tochigi

〈会話（かいわ）〉

どうでしょうか。	¿Qué tal va ～? (expresión cortés de どうですか)
テスト	examen, prueba
成績（せいせき）	calificación, notas
ところで	a propósito, por cierto
いらっしゃいますⅠ	venir (expresión respetuosa de きます)
様子（ようす）	situación, condición, aspecto, comportamiento

〈読み物（よみもの）〉

事件（じけん）	incidente, caso
オートバイ	motocicleta
爆弾（ばくだん）	bomba
積みますⅠ（つ）	cargar, montar
運転手（うんてんしゅ）	conductor
離れた（はな）	lejano
急に（きゅう）	de repente
動かしますⅠ（うご）	mover, accionar, manejar
一生懸命（いっしょうけんめい）	con todas sus fuerzas, con afán
犯人（はんにん）	delincuente, criminal
男（おとこ）	hombre
手に入れますⅡ（て い）	obtener, conseguir, lograr
今でも（いま）	aún ahora

II. Traducción

Frases modelo
1. Por favor, averigüe a qué hora llega el vuelo JL107.
2. No se sabe si el tifón número 9 pasará por Tokio.
3. ¿Podría probarme este vestido?

Ejemplos de oraciones
1. ¿A dónde fueron Uds. para continuar con la fiesta?
   ……Como estaba borracho, no me acuerdo de a dónde fuimos.
2. ¿Sabe Ud. cómo se mide la altura de una montaña?
   ……No lo sé. Busquémoslo en Internet.
3. ¿Te acuerdas de cuándo nos conocimos?
   ……Fue hace mucho tiempo, así que ya se me ha olvidado.
4. Por favor, conteste por email si puede asistir a la fiesta de Fin de Año.
   ……Sí, de acuerdo.
5. ¿Podría comprobar si hay errores en los documentos que voy a entregar a la universidad?
   ……Claro.
6. ¿Ha estado en Nagasaki alguna vez?
   ……No, no he ido nunca. Me gustaría ir al menos una vez.

Diálogo

Me preocupa si mi hijo ha hecho amigos o no

Klara: Profesora Ito, ¿qué tal va Hans en la escuela?
       Me preocupa si ha hecho amigos o no.
Ito: No se preocupe.
     Hans es muy popular en la clase.
Klara: ¿De verdad? Eso me tranquiliza mucho.
       ¿Qué tal va en los estudios? Dice que estudiar *kanji* es duro.
Ito: Hago examen de *kanji* todos los días y Hans siempre saca buena nota.
Klara: ¿De verdad? Gracias.
Ito: Por cierto, muy pronto celebraremos la fiesta deportiva de la escuela. ¿Vendrá también el padre de Hans?
Klara: Sí.
Ito: Me gustaría que vieran sin falta cómo se porta su hijo en la escuela.
Klara: De acuerdo. Le ruego que siga ocupándose de mi hijo como hasta ahora.

III. Palabras e informaciones de referencia

単位・線・形・模様
Unidades de medida, líneas, formas y estampados

面積　Superficie

cm²	平方センチメートル	centímetros cuadrados
m²	平方メートル	metros cuadrados
km²	平方キロメートル	kilómetros cuadrados

長さ　Longitud

mm	ミリ［メートル］	milímetros
cm	センチ［メートル］	centímetros
m	メートル	metros
km	キロ［メートル］	kilómetros

体積・容積　Volumen y capacidad

cm³	立方センチメートル	centímetros cúbicos
m³	立方メートル	metros cúbicos
ml	ミリリットル	mililitros
cc	シーシー	cc (centímetros cúbicos)
ℓ	リットル	litros

重さ　Peso

mg	ミリグラム	miligramos
g	グラム	gramos
kg	キロ［グラム］	kilogramos
t	トン	toneladas

計算　Cálculo

$$1 + 2 - 3 \times 4 \div 6 = 1$$

たす	ひく	かける	わる	は（イコール）
más	menos	por	entre	igual a

線　Líneas

直線	línea recta	———
曲線	línea curva	～～～
点線	línea de puntos	………

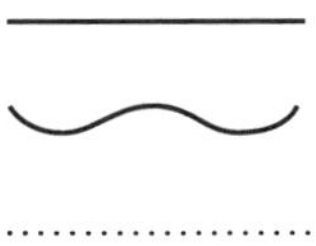

形　Formas

円（丸）	三角［形］	四角［形］
círculo	triángulo	cuadrado

模様　Estampados

縦じま	横じま	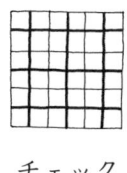 チェック	水玉	花柄	無地
rayas verticales	rayas horizontales	cuadros	lunares	flores	liso, sin dibujo

IV. Notas gramaticales

1.
$$\left.\begin{array}{l}\text{V} \\ \text{A-い}\end{array}\right\}\text{forma informal} \\ \left.\begin{array}{l}\text{A-な} \\ \text{S}\end{array}\right\}\begin{array}{l}\text{forma informal} \\ \sim だ\end{array}\right\}\text{か、〜}$$

Esta frase modelo se emplea para incluir una pregunta con un término interrogativo en otra oración.

① JL107便は 何時に 到着するか、調べて ください。
   Por favor, averigüe a qué hora llega el vuelo JL107.
② 結婚の お祝いは 何が いいか、話して います。
   Estamos hablando sobre qué sería bueno dar como regalo de boda.
③ わたしたちが 初めて 会ったのは いつか、覚えて いますか。
   ¿Te acuerdas de cuándo nos conocimos?

Además, los términos interrogativos son sustantivos, por lo que se construyen frases con el interrogativo か, como en el ejemplo ③.

2.
$$\left.\begin{array}{l}\text{V} \\ \text{A-い}\end{array}\right\}\text{forma informal} \\ \left.\begin{array}{l}\text{A-な} \\ \text{S}\end{array}\right\}\begin{array}{l}\text{forma informal} \\ \sim だ\end{array}\right\}\text{か どうか、〜}$$

Esta frase modelo se emplea para incluir una pregunta sin un término interrogativo en otra oración. En este caso, es necesario añadir どうか después de la forma informal か.

④ 忘年会に 出席するか どうか、20日までに 返事を ください。
   Por favor, conteste antes del día 20 si va a asistir a la fiesta de Fin de Año.
⑤ その 話は ほんとうか どうか、わかりません。
   No sé si esa historia es verdad.
⑥ まちがいが ないか どうか、調べて ください。
   Por favor, compruebe si hay errores o no.

En el ejemplo ⑥ no se usa まちがいが あるか どうか sino まちがいが ないか どうか, ya que el hablante quiere confirmar que no hay errores (まちがいが ない).

3. V forma- て みます

Esta frase modelo se usa para mostrar que la acción indicada por el verbo es un intento.

⑦ もう 一度 考えて みます。
　　Lo pensaré de nuevo.

⑧ この ズボンを はいて みても いいですか。
　　¿Puedo probarme estos pantalones?

⑨ 北海道へ 行って みたいです。
　　Me gustaría ir a Hokkaido.

Al emplear 〜て みたい, como en el ejemplo ⑨, se expresa el deseo o la esperanza de manera más moderada que si se utilizara 〜たい.

4. A-い(〜い)→〜さ

Se puede transformar un adjetivo en un sustantivo si se sustituye el い final de A-い por さ.

Ejemplos: 高い → 高さ　　長い → 長さ　　速い → 速さ

⑩ 山の 高さは どうやって 測るか、知って いますか。
　　¿Sabe Ud. cómo se mide la altura de una montaña?

⑪ 新しい 橋の 長さは 3,911 メートルです。
　　La longitud del nuevo puente es de 3.911 metros.

5. 〜でしょうか

Cuando se usa 〜でしょう (véase la lección 32) en una oración interrogativa, como en el ejemplo ⑫, se puede preguntar sin exigirle al oyente una respuesta decisiva, por lo que se da una impresión más suave o delicada.

⑫ ハンスは 学校で どうでしょうか。
　　¿Qué tal va Hans en la escuela?

Lección 41

I. Vocabulario

いただきます I		recibir (expresión humilde de もらいます)
くださいます I		dar (expresión respetuosa de くれます)
やります I		dar (a las personas menores que uno y a los subordinados o plantas y animales)
あげます II	上げます	subir, elevar, levantar
さげます II *	下げます	bajar
しんせつに します III	親切に します	ser amable con
かわいい		bonito, mono, lindo, gracioso
めずらしい	珍しい	raro, curioso
おいわい	お祝い	celebración, felicitación, regalo (〜を します：celebrar)
おとしだま	お年玉	dinero que se suele dar a los niños como aguinaldo de Año Nuevo
[お]みまい	[お]見舞い	visitas y/o regalos que se hacen a las personas enfermas
きょうみ	興味	interés ([コンピューターに] 〜が あります：tener interés [en los ordenadores])
じょうほう	情報	información
ぶんぽう	文法	gramática
はつおん	発音	pronunciación
さる	猿	mono
えさ		comida para animales, cebo, pienso
おもちゃ		juguete
えほん	絵本	libro ilustrado
えはがき	絵はがき	tarjeta postal
ドライバー		destornillador
ハンカチ		pañuelo
くつした	靴下	calcetines
てぶくろ	手袋	guantes
ようちえん	幼稚園	jardín de infancia
だんぼう	暖房	calefacción
れいぼう *	冷房	aire acondicionado
おんど	温度	temperatura

そふ*	祖父	(mi) abuelo
そぼ	祖母	(mi) abuela
まご	孫	(mi) nieto
おまごさん	お孫さん	(tu/su) nieto
おじ*		(mi) tío
おじさん*		(tu/su) tío, señor
おば		(mi) tía
おばさん*		(tu/su) tía, señora
かんりにん	管理人	portero, conserje
〜さん		(sufijo cortés que se añade a la profesión o al cargo de alguien para mostrar cortesía)
このあいだ	この間	el otro día

⟨会話⟩

ひとこと		unas palabras
〜ずつ		〜 por 〜, de 〜 en 〜, 〜 a 〜 (Ej.: unas palabras por persona, de dos en dos (personas))
ふたり 二人		pareja
お宅		casa de otra persona (expresión respetuosa de うち o いえ)
どうぞ お幸せに。		Que sean muy felices.

⟨読み物⟩

昔話	historias antiguas, leyendas
ある 〜	un cierto 〜, un 〜
男	hombre
子どもたち	niños
いじめますⅡ	abusar, maltratar, acosar
かめ	tortuga
助けますⅡ	salvar, ayudar
優しい	amable, cariñoso, tierno
お姫様	princesa
暮らしますⅠ	vivir, pasar la vida
陸	tierra
すると	entonces
煙	humo
真っ白[な]	totalmente blanco
中身	contenido
※浦島太郎	protagonista de una leyenda japonesa

II. Traducción

Frases modelo
1. Recibí un libro del profesor Watt.
2. El profesor me ha corregido los errores de *kanji*.
3. La esposa del gerente de departamento me enseñó la ceremonia del té.
4. Le hice a mi hijo un avión de papel.

Ejemplos de oraciones
1. Es un plato muy bonito, ¿verdad?
   ······Sí. El Sr. Tanaka me lo dio como regalo de boda.
2. Mamá, ¿le puedo dar un dulce al mono?
   ······No. ¿No dice ahí que está prohibido darles comida a los monos?
3. ¿Ha ido alguna vez a ver sumo?
   ······Sí, el otro día me llevó el gerente de departamento.
   Fue muy interesante.
4. ¿Qué tal fue su estancia en una familia extranjera durante las vacaciones de verano?
   ······Fue divertida. Todos los miembros de la familia fueron muy amables conmigo.
5. ¿Qué va a hacer durante el puente?
   ······Voy a llevar a mi hijo a Disneylandia.
6. No entiendo bien cómo se usa la nueva fotocopiadora. ¿Sería tan amable de explicarme cómo se usa?
   ······Sí, por supuesto.

Diálogo

Enhorabuena por su boda

Rector: Sr. Watt, Sra. Izumi, felicidades por su boda. Salud.
Todos: Salud.
···

Presentador: Me gustaría pedirles a todos los que están en esta parte que pronuncien uno por uno unas palabras, por favor.

Matsumoto Yoshiko: El profesor Watt me enseñó inglés en el curso de verano del año pasado. En sus clases siempre había humor y eran divertidas. Lo cierto es que la Sra. Izumi también asistía a esas clases.

Empleada de la universidad: El profesor Watt me regaló un libro titulado *Cómo ordenar bien*. Al profesor se le da bien ordenar, así que su despacho siempre está ordenado. Seguro que la casa que compartirá con su mujer también lo estará.

Miller: Sr. Watt, por favor, escriba un libro que se titule *Cómo casarse con una mujer maravillosa*. Me gustaría leerlo y aprender de usted. Que sean muy felices.

III. Palabras e informaciones de referencia

便利情報 (べんりじょうほう) Información útil

貸衣装 (かしいしょう) の「みんなの晴れ着 (はれぎ)」
Alquiler de ropa "Trajes Formales para Todos"

何 (なん) でもそろいます！！
¡Tenemos todo lo que usted desea!

新作 (しんさく) がいっぱい！！
¡Muchísimas novedades!

☎ 03-3812-556×

七五三 (しちごさん)	Celebración de los 7, los 5 y los 3 años de los niños
卒業式 (そつぎょうしき)	Ceremonia de graduación
成人式 (せいじんしき)	Ceremonia de la mayoría de edad
結婚式 (けっこんしき)	Ceremonia de boda

泊 (と) まりませんか
¡Alójese con nosotros!

民宿 (みんしゅく) 三浦 (みうら)
Pensión Miura

安 (やす) い、親切 (しんせつ)、家庭的 (かていてき) な宿 (やど)
Precios razonables, un servicio de calidad y un ambiente familiar.

☎ 0585-214-1234

公民館 (こうみんかん) からのお知 (し) らせ Información del centro comunitario

月曜日 (げつようび)	lunes	日本料理講習会 (にほんりょうりこうしゅうかい)	clase de cocina japonesa
火曜日 (かようび)	martes	生 (い) け花 (ばな) スクール	clase de *ikebana* (arreglo floral)
水曜日 (すいようび)	miércoles	日本語教室 (にほんごきょうしつ)	clase de japonés

＊毎月第3日曜日 (まいつきだいにちようび)　tercer domingo de cada mes　バザー　bazar

☎ 0798-72-251×

レンタルサービス
Servicio de alquiler

何 (なん) でも貸 (か) します！！
¡Alquilamos cualquier cosa!

・カラオケ　　　　equipos de karaoke
・ビデオカメラ　　cámaras de vídeo
・携帯電話 (けいたいでんわ)　　teléfonos móviles
・ベビー用品 (ようひん)　　artículos para bebé
・レジャー用品 (ようひん)　artículos de ocio
・旅行用品 (りょこうようひん)　artículos de viaje

☎ 0741-41-5151

便利屋 (べんりや)　Servicio de asistencia en general
☎ 0343-885-8854

何 (なん) でもします！！
¡Hacemos de todo!

☆家 (いえ) の修理 (しゅうり)、掃除 (そうじ)
　reparaciones y limpieza de la casa
☆赤 (あか) ちゃん、子 (こ) どもの世話 (せわ)
　cuidado de bebés y niños
☆犬 (いぬ) の散歩 (さんぽ)
　paseo de perros
☆話 (はな) し相手 (あいて)
　conversación y compañía

お寺 (てら) で体験 (たいけん) できます

Actividades de nuestro templo en las que se puede participar:

禅 (ぜん) ができます　　　Se puede practicar la meditación de *zen*.

精進料理 (しょうじんりょうり) が食 (た) べられます　　Se puede degustar comida vegetariana.

金銀寺 (きんぎんじ)　☎ 0562-231-2010

IV. Notas gramaticales

1. Expresiones referentes a dar y recibir

En las lecciones 7 y 24 aprendimos algunas expresiones referentes al hecho de dar y recibir cosas y acciones. En esta lección estudiaremos más expresiones de este tipo que reflejan la relación entre la persona que da y la que recibe.

1) $\boxed{S_1(\text{persona})に\ S_2 を\ いただきます}$

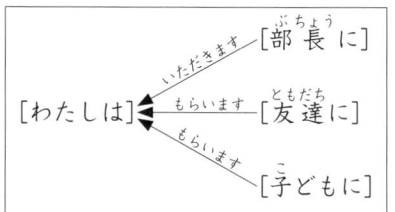

Cuando el hablante recibe una cosa (S_2) de una persona de mayor edad o superior en el orden jerárquico (S_1), se usa いただきます en vez de もらいます.

① わたしは 社長に お土産を いただきました。
   Recibí un regalo del director ejecutivo de mi empresa.

2) $\boxed{[わたしに]\ S を\ くださいます}$

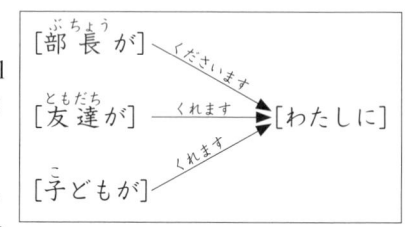

Cuando una persona de mayor edad o superior en el orden jerárquico le da algo al hablante, se usa くださいます en vez de くれます.

② 社長が わたしに お土産を くださいました。
   El director ejecutivo de mi empresa me dio un regalo.

[Nota] いただきます y くださいます se usan también cuando la persona que recibe algo es un familiar del hablante.

③ 娘は 部長に お土産を いただきました。
   Mi hija recibió un regalo del gerente de mi departamento.

④ 部長が 娘に お土産を くださいました。
   El gerente de mi departamento le dio un regalo a mi hija.

3) $\boxed{S_1 に\ S_2 を\ やります}$

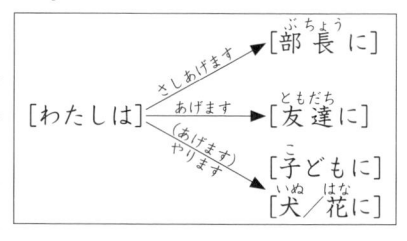

Cuando el hablante le da una cosa (S_2) a una persona de menor edad o inferior en el orden jerárquico, o a un animal o planta (S_1), se usa originalmente やります. Sin embargo, recientemente son muchas las personas que prefieren emplear あげます en estos casos, ya que se trata de una palabra más cortés.

⑤ わたしは 息子に お菓子を やりました（あげました）。
   Le di dulces a mi hijo.

⑥ わたしは 犬に えさを やりました。
   Le di comida al perro.

2. Dar y recibir acciones

いただきます, くださいます y やります se usan también para expresar el hecho de dar y recibir acciones. A continuación se muestran algunos ejemplos.

1) V forma- て いただきます

⑦ わたしは 課長に 手紙の まちがいを 直して いただきました。
El jefe de mi sección me ha corregido los errores de la carta.

2) V forma- て くださいます

⑧ 部長の 奥さんが [わたしに] お茶を 教えて くださいました。
La esposa del gerente de departamento me enseñó la ceremonia del té.

⑨ 部長が [わたしを] 駅まで 送って くださいました。
El gerente de mi departamento me ha llevado a la estación.

⑩ 部長が [わたしの] レポートを 直して くださいました。
El gerente de mi departamento me corrigió el informe.

3) V forma- て やります

⑪ わたしは 息子に 紙飛行機を 作って やりました（あげました）。
Le hice a mi hijo un avión de papel.

⑫ わたしは 犬を 散歩に 連れて 行って やりました。
He sacado de paseo al perro.

⑬ わたしは 娘の 宿題を 見て やりました（あげました）。
Revisé los deberes de mi hija.

3. V forma- て くださいませんか

A la hora de pedir algo, esta expresión es más cortés que ～て ください, pero menos que ～て いただけませんか, que aprendimos en la lección 26.

⑭ コピー機の 使い方を 教えて くださいませんか。
¿Sería tan amable de explicarme cómo se usa la fotocopiadora?

⑮ コピー機の 使い方を 教えて いただけませんか。
¿Podría Ud. hacerme el favor de explicarme cómo se usa la fotocopiadora? (lección 26)

4. S に V

En este caso, la partícula に significa "en recuerdo de" o "en memoria de".

⑯ 田中さんが 結婚祝いに この お皿を くださいました。
El Sr. Tanaka me dio este plato como regalo de boda.

⑰ 北海道旅行の お土産に 人形を 買いました。
Compré una muñeca como recuerdo de mi viaje a Hokkaido.

Lección 42

I. Vocabulario

つつみます I	包みます	envolver
わかします I	沸かします	hervir
まぜます II	混ぜます	mezclar, batir
けいさんします III	計算します	calcular
ならびます I	並びます	hacer cola, poner en fila
じょうぶ[な]	丈夫[な]	fuerte, sano, resistente
アパート		edificio de apartamentos de madera de una o dos plantas
べんごし	弁護士	abogado
おんがくか	音楽家	músico
こどもたち	子どもたち	niños
しぜん	自然	naturaleza
きょういく	教育	educación
ぶんか	文化	cultura
しゃかい	社会	sociedad
せいじ	政治	política
ほうりつ	法律	derecho, ley
せんそう*	戦争	guerra
へいわ	平和	paz
もくてき	目的	propósito, objetivo
ろんぶん	論文	tesis
たのしみ	楽しみ	diversión, entretenimiento, expectación
ミキサー		batidora
やかん		tetera
ふた		tapa, tapón
せんぬき	栓抜き	abrebotellas, sacacorchos
かんきり	缶切り	abrelatas
かんづめ	缶詰	lata (de conserva)
のしぶくろ	のし袋	sobre especial para regalar dinero
ふろしき		pañuelo especial para envolver
そろばん		ábaco
たいおんけい	体温計	termómetro
ざいりょう	材料	material, ingrediente
ある ～		un cierto ～, un ～
いっしょうけんめい	一生懸命	con todas sus fuerzas, con afán

なぜ	por qué
どのくらい	cuánto(s)
※国連（こくれん）	Organización de las Naciones Unidas
※エリーゼの ために	*Para Elisa*
※ベートーベン	Ludwig van Beethoven (1770-1827): compositor alemán
※こどもニュース	noticiario ficticio

〈会話（かいわ）〉

出ます（で）Ⅱ［ボーナスが～］	recibir [la paga extraordinaria]
半分（はんぶん）	mitad
ローン	crédito

〈読み物（よみもの）〉

カップめん	fideos chinos instantáneos envasados en recipiente de usar y tirar
世界初（せかいはつ）	el primero del mundo
～に よって	por ～
どんぶり	cuenco
めん	fideo, tallarín
広めます（ひろ）Ⅱ	propagar, difundir, divulgar
市場 調査（しじょうちょうさ）	estudio de mercado
割ります（わ）Ⅰ	partir, cascar, dividir
注ぎます（そそ）Ⅰ	echar, servir
※チキンラーメン	nombre de una marca de fideos chinos instantáneos
※安藤百福（あんどうももふく）	empresario e inventor japonés (1910-2007)

II. Traducción

Frases modelo
1. Estoy ahorrando para tener mi propia tienda en el futuro.
2. Estos zapatos son buenos para caminar por la montaña.

Ejemplos de oraciones
1. Estoy practicando todos los días para participar en el baile de la fiesta *Bon*.
   ······Muy bien. Tendrá muchas ganas de que sea ya la fiesta, ¿verdad?
2. ¿Por qué sube a la montaña solo?
   ······Voy a la montaña para pensar solo.
3. ¿Hace algo para mantener la salud?
   ······No, pero estoy pensando en correr todas las mañanas a partir de la semana que viene.
4. Es una melodía muy bonita, ¿verdad?
   ······Es *Para Elisa*. Es una pieza musical que compuso Beethoven para una mujer.
5. ¿Para qué se usa esto?
   ······Se usa para abrir las botellas de vino.
6. ¿Tienen un bolso que sea bueno para un viaje de trabajo de dos o tres días?
   ······¿Qué le parece este? Entra el ordenador, así que es muy práctico.
7. ¿Cuánto tiempo tardaron en construir este puente?
   ······Tardaron 12 años.

Diálogo

¿En qué va a gastar la paga extraordinaria?

Suzuki: Srta. Hayashi, ¿cuándo le dan la paga extraordinaria?
Hayashi: La semana que viene. ¿Y en su empresa?
Suzuki: Mañana. La espero con impaciencia.
Hayashi: Sí. ¿En qué va a gastarla?
Suzuki: Primero voy a comprarme una bicicleta nueva. Además, iré de viaje.
Ogawa: ¿No va a ahorrar?
Suzuki: Pues no había pensado en ello mucho.
Hayashi: Yo tengo previsto ahorrar la mitad.
Suzuki: ¿Eh? ¿La mitad?
Hayashi: Sí. Me gustaría ir algún día a Inglaterra para estudiar.
Ogawa: Pues, ¡qué suerte tienen los solteros! Pueden gastar todo en ellos mismos. A mí no me queda casi nada después de pagar el crédito de la casa y ahorrar para la educación de mis hijos.

III. Palabras e informaciones de referencia

事務用品・道具　Artículos y herramientas de oficina

とじる grapar	挟む／とじる sujetar	留める clavar	切る cortar
ホッチキス grapadora	クリップ sujetapapeles, clip	画びょう chincheta	カッター　　はさみ cúter　　　tijeras
はる pegar		削る afilar, sacar punta	ファイルする archivar
セロテープ　　ガムテープ　　のり celo　　cinta adhesiva　pegamento		鉛筆削り sacapuntas, afilalápices	ファイル archivador, carpeta
消す borrar	[穴を]開ける agujerear	計算する calcular	[線を]引く／測る trazar, dibujar [una línea]/medir
消しゴム　　修正液 goma de　　líquido borrar　　corrector	パンチ perforadora de papel	電卓 calculadora	定規(物差し) regla
切る serrar, cortar con una sierra	[くぎを]打つ clavar [un clavo]	挟む／曲げる／切る agarrar/doblar/cortar	[ねじを]締める／緩める apretar/aflojar [un tornillo]
のこぎり sierra	金づち martillo	ペンチ alicates	ドライバー destornillador

42

IV. Notas gramaticales

1.
```
V forma de diccionario  ⎫
S の                    ⎬ ために、〜   para V
                        ⎭              para S
```

ために indica un propósito. S の ために se usa también con el significado de "para el beneficio de S", como en el ejemplo ④.

① 自分の 店を 持つ ために、貯金して います。
　　Estoy ahorrando para tener mi propia tienda.

② 引っ越しの ために、車を 借ります。
　　Alquilaré un coche para la mudanza.

③ 健康の ために、毎朝 走って います。
　　Corro todas las mañanas para mantener la salud.

④ 家族の ために、うちを 建てます。
　　Construiré una casa para mi familia.

[Nota 1] 〜ように, que aprendimos en la lección 36, se usa también para expresar un propósito. ように se utiliza con la forma de diccionario de verbos que no expresan la intención o con la forma negativa de los verbos, mientras que ために se emplea con la forma de diccionario de verbos que sí expresan la intención.

Si comparamos las dos frases que aparecen a continuación, en el ejemplo ① se expresa que uno ha establecido intencionadamente el objetivo de "tener mi propia tienda" y "estoy ahorrando" para lograrlo, mientras que en el ejemplo ⑤ se dice que el objetivo de uno es alcanzar el estado de "poder tener mi propia tienda" y que "estoy ahorrando" para conseguirlo.

① 自分の 店を 持つ ために、貯金して います。
　　Estoy ahorrando para tener mi propia tienda.

⑤ 自分の 店が 持てるように、貯金して います。
　　Estoy ahorrando para poder tener mi propia tienda.

[Nota 2] なります se puede emplear tanto con verbos volitivos como con verbos no volitivos.

⑥ 弁護士に なる ために、法律を 勉強して います。
　　Estudio derecho para ser abogado.

⑦ 日本語が 上手に なるように、毎日 勉強して います。
　　Estudio todos los días para mejorar mi japonés. (lección 36)

2. $\begin{Bmatrix} \text{V forma de diccionario } の \\ \text{S} \end{Bmatrix}$ に 〜

Esta frase modelo va seguida de expresiones como つかいます, いいです, べんりです, やく に たちます, [じかん]が かかります, etc., e indica propósito o uso.

⑧ この はさみは 花を 切るのに 使います。
   Estas tijeras se usan para cortar flores.

⑨ この かばんは 大きくて、旅行に 便利です。
   Este bolso es grande y práctico para viajes.

⑩ 電話番号を 調べるのに 時間が かかりました。
   Tardé mucho tiempo en encontrar el número de teléfono.

3. Cuantificador + は／も

Cuando se utiliza con un cuantificador, la partícula は indica la mínima cantidad que el hablante estima que se requiere o es necesaria.

Cuando se emplea con un cuantificador, la partícula も indica que el hablante piensa que la cantidad mencionada es mucha.

⑪ わたしは ［ボーナスの］半分は 貯金する つもりです。
   ……えっ、半分も 貯金するんですか。
   Yo tengo previsto ahorrar la mitad de la paga extraordinaria.
   …… ¿Eh? ¿La mitad?

4. 〜に よって

Cuando se utilizan en la voz pasiva verbos que expresan un descubrimiento o creación, tales como かきます, はつめいします y はっけんします, la persona que realiza la acción no se señala con に sino con に よって.

⑫ チキンラーメンは 1958年に 安藤百福さんに よって 発明されました。
   Chikin Ramen fue creado por Ando Momofuku en 1958.

Lección 43

I. Vocabulario

ふえますⅡ [ゆしゅつが〜]	増えます [輸出が〜]	incrementar, aumentar [la exportación]
へりますⅠ [ゆしゅつが〜]	減ります [輸出が〜]	disminuir, reducir [la exportación]
あがりますⅠ [ねだんが〜]	上がります [値段が〜]	subir [el precio]
さがりますⅠ* [ねだんが〜]	下がります [値段が〜]	bajar [el precio]
きれますⅡ [ひもが〜]	切れます	cortarse [el cordón]
とれますⅡ [ボタンが〜]		caerse, soltarse [el botón]
おちますⅡ [にもつが〜]	落ちます [荷物が〜]	caerse [el paquete]
なくなりますⅠ [ガソリンが〜]		gastarse, agotarse [la gasolina], perderse
へん[な]	変[な]	extraño, raro
しあわせ[な]	幸せ[な]	feliz
らく[な]	楽[な]	cómodo, fácil
うまい*		rico, bueno, sabroso
まずい		malo, no sabroso
つまらない		aburrido, insignificante
やさしい	優しい	amable, cariñoso, tierno
ガソリン		gasolina
ひ	火	fuego
パンフレット		panfleto, folleto
いまにも	今にも	en cualquier momento (se usa para expresar una situación justo antes de un cambio)
わあ		¡Ay!/¡Ah!

〈読み物〉

ばら	rosa
ドライブ	paseo en coche
理由(りゆう)	razón
謝(あやま)りますⅠ	pedir perdón, disculparse
知(し)り合(あ)いますⅠ	conocer

II. Traducción

Frases modelo
1. Parece que lloverá en cualquier momento.
2. Voy un momento a comprar un billete.

Ejemplos de oraciones
1. Está a punto de caérsele el botón de la chaqueta.
   ……¡Ah, es verdad! Muchas gracias.
2. Ha subido la temperatura, ¿verdad?
   ……Sí. Parece que pronto van a florecer los cerezos, ¿no?
3. Es una tarta de manzana alemana. Por favor, pruébala.
   ……Ah, tiene muy buena pinta. Voy a probarla.
4. Este trabajo por horas tiene buena pinta. El sueldo es bonito y el trabajo parece fácil.
   ……Pero hay que trabajar desde las 12 de la noche hasta las 6 de la mañana.
5. Faltan documentos.
   ……¿Cuántas copias faltan? Voy a hacer fotocopias ahora mismo.
6. Voy a salir un momento.
   ……¿A qué hora vuelve?
   Tengo previsto volver antes de las cuatro.

Diálogo

Parece que se lo pasa muy bien todos los días

Hayashi: ¿Quién es el de la foto?
Schmidt: Es mi hijo Hans. Sacamos esta foto durante la fiesta deportiva de la escuela.
Hayashi: Parece un niño muy saludable.
Schmidt: Sí. Hans corre muy rápido. Se ha acostumbrado a la escuela primaria en Japón, tiene muchos amigos y parece que se lo pasa muy bien todos los días.
Hayashi: ¡Qué bien! ¿La de aquí es su mujer? ¡Qué guapa es!
Schmidt: Gracias. A mi mujer le interesan muchas cosas, así que es muy interesante estar con ella.
Hayashi: ¡Ah!, ¿sí?
Schmidt: Le gusta la historia en particular, así que cuando tiene tiempo, pasea por ciudades antiguas.

III. Palabras e informaciones de referencia

性格・性質 （せいかく・せいしつ）　Personalidad y carácter

明（あか）るい alegre, vivo	暗（くら）い sombrío, lúgubre	活発（かっぱつ）[な]	activo
		誠実（せいじつ）[な]	sincero
優（やさ）しい	amable	わがまま[な]	egoísta
おとなしい	tranquilo, dócil	まじめ[な] serio, cumplidor	ふまじめ[な] insincero, poco serio
冷（つめ）たい	frío		
厳（きび）しい	estricto, severo		
気（き）が長（なが）い	paciente	頑固（がんこ）[な]	terco
気（き）が短（みじか）い	impaciente	素直（すなお）[な]	obediente, dócil
気（き）が強（つよ）い agresivo, emprendedor	気（き）が弱（よわ）い tímido, miedoso	意地悪（いじわる）[な]	malicioso
		勝（か）ち気（き）[な]	valiente, competitivo
		神経質（しんけいしつ）[な]	nervioso

113

43

IV. Notas gramaticales

1. ～そうです　Parece (que)...

1) V (forma- ます) そうです

   Esta frase modelo expresa indicios o señales de cambios y movimientos indicados por verbos. Se puede utilizar con adverbios tales como いまにも, もうすぐ, これから, etc., que expresan el momento en el que ocurren dichos cambios y movimientos.

   ① 今にも 雨が 降りそうです。　Parece que lloverá en cualquier momento.

   ② もうすぐ 桜が 咲きそうです。　Parece que pronto van a florecer los cerezos.

   ③ これから 寒く なりそうです。　Parece que hará más frío de ahora en adelante.

2) A- い (～い)　}　そうです
   A- な [な]

   Esta frase modelo se usa cuando se realiza una suposición juzgando la apariencia o el aspecto de algo, aunque no se haya confirmado su naturaleza.

   ④ この 料理は 辛そうです。　Este plato parece picante.

   ⑤ 彼女は 頭が よさそうです。　Ella parece inteligente.

   ⑥ この 机は 丈夫そうです。　Este escritorio parece resistente.

   [Nota] Cuando se quiere describir lo que siente otra persona, los adjetivos que expresan sentimientos, tales como うれしい, かなしい, さびしい, etc., han de usarse con そうです. De este modo, el hablante puede expresar el sentimiento del otro realizando una suposición basada en el aspecto de éste.

   ⑦ うれしそうですね。
   　　……ええ、実は きのう 結婚を 申し込まれたんです。

   Parece contenta, ¿no?
   　　…… Sí, es que ayer he recibido una propuesta de matrimonio.

2. V forma- て 来ます

1) V forma- て きます significa "ir a alguna parte, hacer algo y volver".

   ⑧ ちょっと たばこを 買って 来ます。

   Voy a comprar tabaco y vuelvo.

   En el ejemplo ⑧ el hablante dice que va a un lugar donde se vende tabaco (1), compra cigarrillos allí (2) y vuelve al lugar donde estaba (3).

En el ejemplo ⑨ el lugar a donde va la persona y realiza la acción que expresa V forma-て se indica mediante で. Sin embargo, en el ejemplo ⑩ se emplea から para señalar el lugar de donde procede el objeto o cosa marcado con la partícula を. En este último caso se pueden usar, además de とって きます, verbos como もって きます, はこんで きます, etc.

⑨ スーパーで 牛乳を 買って 来ます。
   Voy al supermercado a comprar leche (y vuelvo).

⑩ 台所から コップを 取って 来ます。
   Voy a la cocina a buscar un vaso (y vuelvo).

2) S(lugar)へ 行って 来ます

La forma-て del verbo いきます se usa antes de きます en esta frase modelo, que significa "ir a alguna parte y volver". Se utiliza cuando no se especifica la acción que se realizará en el lugar al que se va.

⑪ 郵便局へ 行って 来ます。
   Voy a la oficina de correos (y vuelvo).

3) 出かけて 来ます

La forma-て del verbo でかけます se usa antes de きます, y significa "salir y volver". Se utiliza cuando no se especifica el lugar a donde se va ni la acción que se realizará allí.

⑫ ちょっと 出かけて 来ます。   Voy a salir un momento.

3. V forma-て くれませんか ¿Puede...?

A la hora de pedir algo, esta expresión es más cortés que 〜て ください, pero menos que 〜て いただけませんか (véase la lección 26) y 〜て くださいませんか (véase la lección 41). Es adecuada cuando uno se dirige a personas de la misma edad o posición en el orden jerárquico, o inferiores.

⑬ コンビニへ 行って 来ます。
   ……じゃ、お弁当を 買って 来て くれませんか。
   Voy a la tienda de veinticuatro horas (y vuelvo).
   …… Entonces, ¿puede comprarme el *obento*?

Lección 44

I. Vocabulario

なきます I	泣きます	llorar
わらいます I	笑います	reír(se)
ねむります I	眠ります	dormir
かわきます I [シャツが～]	乾きます	secarse [la camisa]
ぬれます II * [シャツが～]		mojarse [la camisa]
すべります I	滑ります	deslizarse, resbalarse
おきます II [じこが～]	起きます [事故が～]	ocurrir [un accidente]
ちょうせつします III	調節します	ajustar, regular
あんぜん［な］	安全［な］	seguro
きけん［な］*	危険［な］	peligroso
こい	濃い	(sabor) fuerte, (color) oscuro
うすい	薄い	(sabor) suave, (color) claro, (espesor) delgado
あつい	厚い	grueso, gordo
ふとい	太い	gordo (de mayor diámetro)
ほそい*	細い	delgado (de menor diámetro)
くうき	空気	aire
なみだ	涙	lágrima
わしょく	和食	comida japonesa
ようしょく	洋食	comida occidental
おかず*		platos que se sirven para acompañar el arroz
りょう	量	cantidad
－ばい	－倍	– veces más
シングル		habitación individual
ツイン		habitación doble
せんたくもの	洗濯物	colada, ropa para lavar
DVD		DVD
※ホテルひろしま		hotel ficticio

〈会話〉

どう なさいますか。	¿Qué quiere hacerse?
カット	corte de pelo
シャンプー	champú, lavado (de pelo) (〜を します：lavar el pelo)
どういうふうに なさいますか。	¿Cómo lo quiere Ud.?
ショート	corto
〜みたいに して ください。	Córtemelo como 〜./Hágalo como 〜.
これで よろしいでしょうか。	¿Está bien así?
[どうも] お疲れさまでした。	Ya hemos terminado, gracias. (palabras dirigidas al cliente por el personal de tienda o peluquería)

〈読み物〉

嫌がります I	no tener ganas de
また	y, además
うまく	bien
順序	orden
安心[な]	tranquilo
表現	expresión
例えば	por ejemplo
別れます II	separarse
これら	estas cosas, estos
縁起が 悪い	mal augurio, mala suerte

II. Traducción

Frases modelo
1. Bebí demasiado anoche.
2. Este ordenador es fácil de usar.
3. ¿Podría hacer más cortos estos pantalones, por favor?

Ejemplos de oraciones
1. ¿Está llorando?
    ……No, es que me he reído demasiado y se me han saltado las lágrimas.
2. Los coches de ahora son fáciles de manejar, ¿verdad?
    ……Sí, pero son tan fáciles de manejar que conducirlos no es interesante.
3. ¿Dónde se vive más fácilmente, en el campo o en la ciudad?
    ……Creo que vivir en el campo es más fácil porque el precio de la vida es barato y el aire es limpio.
4. Este vaso es resistente y difícil de romper.
    ……Es bueno y seguro para que lo usen los niños.
5. Ya es tarde, ¿podría guardar silencio?
    ……Sí, lo siento.
6. ¿Qué quiere para beber?
    ……Quiero cerveza.

Diálogo

Córteme el pelo como en esta foto

Peluquero: ¡Hola! Bienvenida. ¿Qué quiere hacerse hoy?
Lee: Quiero cortarme el pelo.
Peluquero: Entonces pase por aquí. Le voy a lavar el pelo.
    ……………………………………………………

Peluquero: ¿Cómo quiere que se lo corte?
Lee: Me gustaría llevarlo corto. Córtemelo como en esta foto.
Peluquero: ¡Ah! ¡Qué bonito!
    ……………………………………………………

Peluquero: ¿El largo del flequillo está bien así?
Lee: Bueno, córtemelo un poco más.
    ……………………………………………………

Peluquero: Ya hemos terminado.
Lee: Muchas gracias.

III. Palabras e informaciones de referencia

美容院・理髪店 （びよういん・りはつてん） Salón de belleza, peluquería y barbería

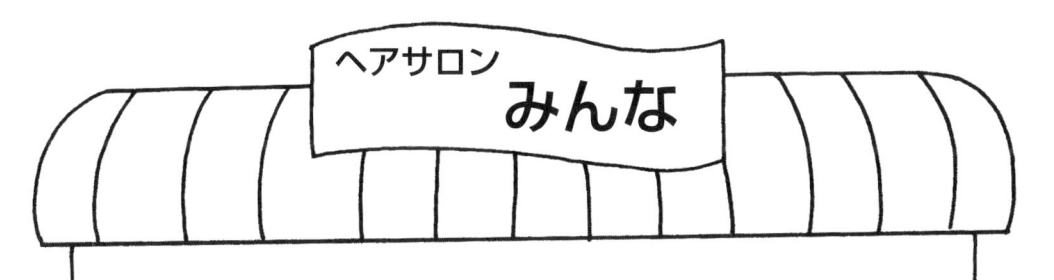

ヘアサロン みんな

カット	corte
パーマ	permanente
シャンプー	lavado
トリートメント	tratamiento
ブロー	*brushing* (secar el pelo con un secador de mano y darle forma con un cepillo)
カラー	teñido
エクステ	extensiones
ネイル	manicura y pedicura
フェイシャルマッサージ	masaje facial
メイク	maquillaje
着付け（きつけ）	ponerse un quimono

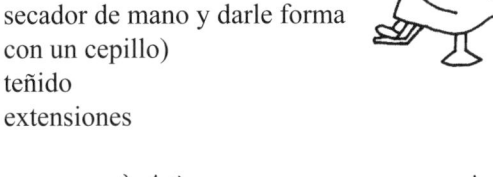

耳（みみ）が見（み）えるくらいに — de manera que se vean las orejas.
肩（かた）にかかるくらいに — a la altura de los hombros.
まゆが隠（かく）れるくらいに — de manera que no se vean las cejas.
１センチくらい — más o menos un centímetro.
この写真（しゃしん）みたいに — como en esta foto.

切（き）ってください。 Por favor, córteme el pelo

髪（かみ）をとかす	peinarse
髪（かみ）を分（わ）ける	hacerse la raya
髪（かみ）をまとめる	atarse el pelo, recogerse el pelo
髪（かみ）をアップにする	recogerse/atarse el pelo en alto
髪（かみ）を染（そ）める	teñirse el pelo
ひげ／顔（かお）をそる	afeitarse la barba/la cara
化粧（けしょう）／メイクする	maquillarse
三（み）つ編（あ）みにする	trenzarse el pelo, hacerse trenzas/una trenza
刈（か）り上（あ）げる	cortarse el pelo a cepillo
パーマをかける	hacerse la permanente

44

IV. Notas gramaticales

1. ```
   V forma- ます  ⎫
   A- い(～い̸)    ⎬ すぎます
   A- な[な̸]     ⎭
   ```

   ～すぎます indica que el grado de una acción o situación rebasa el nivel admisible. Por lo tanto, se usa normalmente para hacer referencia a situaciones o acciones no deseables.

   ① ゆうべ お酒を 飲みすぎました。　　Bebí demasiado anoche.
   ② この セーターは 大きすぎます。　　Este jersey es demasiado grande (para mí).

   [Nota] ～すぎます se conjuga como verbo del Grupo II.
   Ejemplo: のみすぎる　　のみすぎ(ない)　　のみすぎた

   ③ 最近の 車は 操作が 簡単すぎて、運転が おもしろくないです。
   　Los coches de ahora son tan fáciles de manejar que conducirlos no es interesante.
   ④ いくら 好きでも、飲みすぎると、体に 悪いですよ。
   　Aunque le guste, beber mucho es malo para la salud.

2. ```
   V forma- ます ⎰ やすいです
                 ⎱ にくいです
   ```

   1) Cuando se usa V forma- ます de un verbo volitivo con ～やすい, se indica que la acción que expresa dicho verbo es fácil de realizar, mientras que para señalar su dificultad se utiliza ～にくい.

   ⑤ この パソコンは 使いやすいです。　　Este ordenador es fácil de usar.
   ⑥ 東京は 住みにくいです。　　Vivir en Tokio es difícil.

   El ejemplo ⑤ expresa la facilidad de manejo del ordenador. El ejemplo ⑥, por el contrario, hace referencia a lo problemático y difícil que puede resultar vivir en Tokio.

   2) Cuando se usa V forma- ます de un verbo no volitivo con ～やすい, se indica la facilidad de que ocurra la acción que expresa dicho verbo, mientras que para señalar la dificultad de que se produzca se utiliza ～にくい.

   ⑦ 白い シャツは 汚れやすいです。　　Las camisas blancas se ensucian fácilmente.
   ⑧ 雨の 日は 洗濯物が 乾きにくいです。
   　La colada no se seca fácilmente en los días de lluvia.

   [Nota] ～やすい y ～にくい se conjugan como A- い.

   ⑨ この 薬は 砂糖を 入れると、飲みやすく なりますよ。
   　Si le pone un poco de azúcar a esta medicina, será más fácil de tomar.
   ⑩ この コップは 割れにくくて、安全ですよ。
   　Este vaso es resistente y difícil de romper, así que es seguro.

3.

$$S_1 を \begin{Bmatrix} A-い(\sim \cancel{い}) \to \sim く \\ A-な[\cancel{な}] \to \sim に \\ S_2 に \end{Bmatrix} します$$

En la lección 19 aprendimos que 〜く／〜に なります indica un cambio de estado en el sujeto. Ahora estudiaremos 〜く／〜に します para expresar que se hace que un objeto (S_1) sufra algún tipo de cambio o transformación.

⑪ 音を 大きく します。　　　　Subiré el volumen.
⑫ 部屋を きれいに します。　　Limpiaré la habitación.
⑬ 塩の 量を 半分に しました。　Reduje la cantidad de sal a la mitad.

4. S に します

Esta frase modelo expresa una selección y/o decisión.

⑭ 部屋は シングルに しますか、ツインに しますか。
　　¿Quiere una habitación individual o doble?
⑮ 会議は あしたに します。　　La reunión la haremos mañana.

Lección 45

I. Vocabulario

しんじます II	信じます	creer, fiarse de
キャンセルします III		cancelar, anular
しらせます II	知らせます	informar, comunicar
ほしょうしょ	保証書	garantía
りょうしゅうしょ	領収書	recibo
キャンプ		campamento
ちゅうし	中止	suspensión, cancelación
てん	点	punto, puntuación
うめ	梅	ciruelo, flor del ciruelo
110ばん	110番	número de teléfono de la policía para emergencias
119ばん	119番	número de teléfono del cuerpo de bomberos para emergencias
きゅうに	急に	de repente, bruscamente
むりに	無理に	a la fuerza, por la fuerza
たのしみに しています	楽しみに しています	estar deseando
いじょうです。	以上です。	Esto es todo.

〈会話〉
係員　　　　　　　　　　　encargado, persona encargada
コース　　　　　　　　　　ruta
スタート　　　　　　　　　salida
一位　　　　　　　　　　　– puesto, – lugar,
　　　　　　　　　　　　　　– premio (clasificación)
優勝しますⅢ　　　　　　　ganar el campeonato, ganar el primer
　　　　　　　　　　　　　　premio

〈読み物〉
悩み　　　　　　　　　　　preocupación, duda
目覚まし[時計]　　　　　　(reloj) despertador
目が覚めますⅡ　　　　　　despertarse
大学生　　　　　　　　　　estudiante universitario
回答　　　　　　　　　　　respuesta (〜します：responder,
　　　　　　　　　　　　　　contestar)
鳴りますⅠ　　　　　　　　sonar
セットしますⅢ　　　　　　poner, programar (el despertador)
それでも　　　　　　　　　sin embargo, a pesar de

II. Traducción

Frases modelo
1. En caso de perder la tarjeta de crédito, avise a la empresa de su tarjeta.
2. Ella no vino aunque lo había prometido.

Ejemplos de oraciones
1. En caso de que los trenes dejen de funcionar por un terremoto, no se esfuerce en volver a su casa. Quédese a dormir en la empresa.
   ······Sí, de acuerdo.
2. Esta es la garantía de este ordenador.
   En caso de que no funcione bien, llame a este número de teléfono.
   ······Sí, de acuerdo.
3. Disculpe, ¿en esta biblioteca dan el recibo de las fotocopias?
   ······Sí, pídalo cuando lo necesite.
4. En caso de incendio o terremoto, no use el ascensor bajo ninguna circunstancia.
   ······Bien. De acuerdo.
5. ¿Le fue bien el discurso?
   ······No. A mitad de discurso se me olvidó a pesar de que había practicado mucho y me lo había aprendido de memoria.
6. Los cerezos están en flor aunque es invierno.
   ······¿Eh? Eso no son cerezos sino ciruelos.

Diálogo

¿Qué hay que hacer en caso de equivocarse de ruta?

Persona encargada:	Señores, esta maratón es para mantener la salud, así que les rogamos que no se esfuercen demasiado.
	Si empiezan a encontrarse mal, díganselo al personal encargado.
Participantes:	De acuerdo.
Participante 1:	Disculpe, ¿qué hay que hacer en caso de equivocarse de ruta?
Persona encargada:	Vuelva a la ruta correcta y continúe desde allí.
Participante 2:	Esto... ¿y en caso de querer dejar la carrera a mitad de camino?
Persona encargada:	En ese caso, dígale su nombre a la persona encargada más cercana y váyase.
	Bueno, ya es hora de comenzar.
	··
Suzuki:	Sr. Miller, ¿Cómo le ha ido en la maratón?
Miller:	He quedado en segundo lugar.
Suzuki:	¿En segundo lugar? ¡Fantástico!
Miller:	No. Siento no haber podido ganar la carrera a pesar de haber practicado con todas mis fuerzas.
Suzuki:	Ya tendrá ocasión el próximo año.

III. Palabras e informaciones de referencia

病院 (びょういん) Hospital

みんなの病院

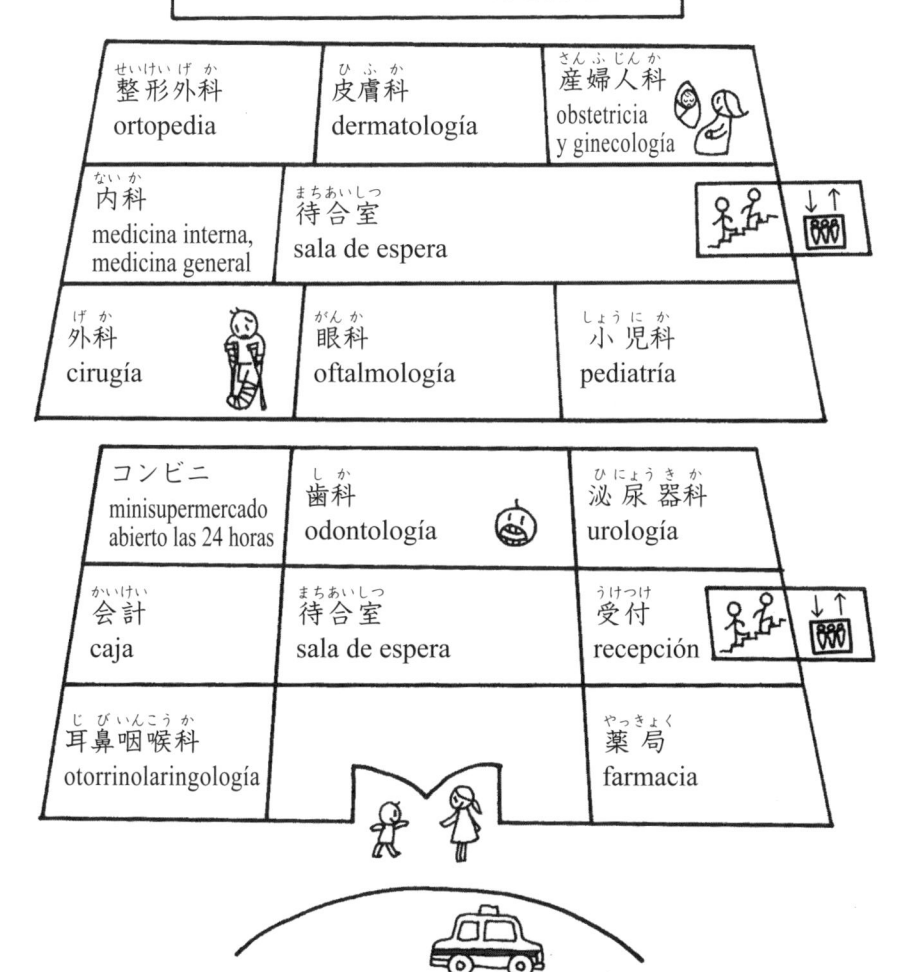

整形外科 (せいけいげか) ortopedia	皮膚科 (ひふか) dermatología	産婦人科 (さんふじんか) obstetricia y ginecología
内科 (ないか) medicina interna, medicina general	待合室 (まちあいしつ) sala de espera	
外科 (げか) cirugía	眼科 (がんか) oftalmología	小児科 (しょうにか) pediatría

コンビニ minisupermercado abierto las 24 horas	歯科 (しか) odontología	泌尿器科 (ひにょうきか) urología
会計 (かいけい) caja	待合室 (まちあいしつ) sala de espera	受付 (うけつけ) recepción
耳鼻咽喉科 (じびいんこうか) otorrinolaringología		薬局 (やっきょく) farmacia

診察する (しんさつ)	examinar, reconocer
検査する (けんさ)	examinar, realizar pruebas médicas
注射する (ちゅうしゃ)	poner una inyección, vacunar
レントゲンを撮る (と)	hacer una radiografía
入院／退院する (にゅういん／たいいん)	ingresar en el hospital/ salir del hospital
手術する (しゅじゅつ)	operar(se), realizar una intervención quirúrgica
麻酔する (ますい)	anestesiar, poner anestesia

処方箋 (しょほうせん)	receta, prescripción médica
カルテ	historia clínica
保険証 (ほけんしょう)	tarjeta sanitaria, tarjeta del seguro médico
診察券 (しんさつけん)	tarjeta de consulta (de un departamento hospitalario o clínica)

薬の種類 (くすり の しゅるい) Medicamentos

痛み止め／湿布薬／解熱剤 (いたみどめ／しっぷやく／げねつざい)
analgésico/cataplasma/antipirético

錠剤／粉薬／カプセル (じょうざい／こなぐすり／カプセル)
pastilla o comprimido/medicina en polvo/cápsula

IV. Notas gramaticales

1. | V forma de diccionario |
    | V (forma- ない)ない |
    | V forma- た |
    | A- い(〜い) | 場合は、〜
    | A- な[な] |
    | S の |

~ばあい es una expresión que sirve para hablar sobre una circunstancia hipotética. La oración posterior indica la manera de enfrentarse a dicha circunstancia o la situación resultante. Debido a que ばあい es un sustantivo, las formas de los verbos, adjetivos y sustantivos que lo acompañan son las mismas que se emplean cuando se modifican sustantivos.

① 会議に 間に 合わない 場合は、連絡して ください。
　　Si no puede llegar a tiempo a la reunión, avísenos, por favor.
② 時間に 遅れた 場合は、会場に 入れません。
　　Si llega tarde, no podrá entrar a la sala.
③ パソコンの 調子が 悪い 場合は、どう したら いいですか。
　　En caso de que el ordenador no funcione bien, ¿qué tengo que hacer?
④ 領収書が 必要な 場合は、言って ください。
　　Pida el recibo cuando lo necesite.
⑤ 火事や 地震の 場合は、エレベーターを 使わないで ください。
　　En caso de incendio o terremoto, no use el ascensor.

2. | V | |
    | A- い | forma informal |
    | A- な | forma informal | のに、〜
    | S | 〜だ→〜な |

のに se usa cuando lo que se indica en la parte posterior es un hecho contrario a lo que se espera de la parte anterior. En muchos casos, aparecen expresiones que señalan reacciones imprevistas o sentimientos de insatisfacción o decepción del hablante.

⑥ 約束を したのに、彼女は 来ませんでした。
　　Ella no vino aunque lo había prometido.
⑦ きょうは 日曜日なのに、働かなければ なりません。
　　Aunque hoy es domingo, tengo que trabajar.

En el ejemplo ⑥, el hablante esperaba que la mujer fuera, ya que lo había prometido (como se indica en la parte anterior), y se siente decepcionado por su ausencia. En el ejemplo ⑦, en la parte anterior se indica que el domingo es normalmente un día de descanso, pero el hablante tiene que trabajar, de ahí que utilice una frase con のに para indicar su insatisfacción.

[Nota 1] Diferencia entre 〜のに y 〜が

Sustituindose のに por が en los ejemplos ⑥ y ⑦, no es posible expresar una reacción imprevista o un sentimiento de insatisfacción o decepción.

⑧ 約束を しましたが、彼女は 来ませんでした。
   Ella lo había prometido, pero no vino.

⑨ きょうは 日曜日ですが、働かなければ なりません。
   Hoy es domingo, pero tengo que trabajar.

[Nota 2] Diferencia entre 〜のに y 〜ても

〜のに expresa el sentimiento del hablante en relación a algo que ya ha ocurrido, por lo que, a diferencia de 〜ても, no puede utilizarse como conjunción adversativa hipotética.

⑩ あした 雨が 降っても、サッカーを します。
   Aunque llueva mañana, vamos a jugar fútbol.

   ×あした 雨が 降るのに、サッカーを します。

Lección 46

I. Vocabulario

わたします I	渡します	entregar
かえって きます III	帰って 来ます	regresar, volver
でます II	出ます	salir, partir [el autobús]
[バスが〜]		
とどきます I	届きます	llegar [un paquete]
[にもつが〜]	[荷物が〜]	
にゅうがくします III	入学します	ingresar, entrar [en una universidad]
[だいがくに〜]	[大学に〜]	
そつぎょうします III	卒業します	graduarse [de una universidad]
[だいがくを〜]	[大学を〜]	
やきます I	焼きます	asar, freír
やけます II	焼けます	
[パンが〜]		hornearse, tostarse [el pan]
[にくが〜]	[肉が〜]	asarse [la carne]
るす	留守	ausencia
たくはいびん	宅配便	servicio de mensajería, bultos que se envían por mensajería
げんいん	原因	causa
こちら		de mi parte
〜の ところ	〜の 所	por donde 〜, donde 〜, cerca de 〜
はんとし	半年	medio año
ちょうど		exactamente, en punto
たったいま	たった今	ahora mismo (se usa con formas de pasado para indicar la terminación de una acción)
いま いいですか。	今 いいですか。	¿Me permite ahora?/¿Puede hablar ahora?

〈会話〉
ガスサービスセンター　　　　　　　Servicio de Atención al Cliente de la
　　　　　　　　　　　　　　　　　　　Compañía de Gas

ガスレンジ　　　　　　　　　　　　cocina de gas
具合　　　　　　　　　　　　　　　condición, estado
申し訳ありません。　　　　　　　　Lo siento./Disculpe.
どちら様でしょうか。　　　　　　　¿Podría decirme su nombre?
お待たせしました。　　　　　　　　Perdone por la espera.
向かいますⅠ　　　　　　　　　　　dirigirse a, estar de camino a (su casa,
　　　　　　　　　　　　　　　　　　　empresa, etc.)

〈読み物〉
ついていますⅡ　　　　　　　　　　tener buena suerte
床　　　　　　　　　　　　　　　　suelo, piso
転びますⅠ　　　　　　　　　　　　caerse
ベル　　　　　　　　　　　　　　　timbre, campanilla
鳴りますⅠ　　　　　　　　　　　　sonar
慌てて　　　　　　　　　　　　　　precipitadamente
順番に　　　　　　　　　　　　　　en orden
出来事　　　　　　　　　　　　　　acontecimiento, suceso

II. Traducción

Frases modelo
1. La conferencia está a punto de comenzar ahora.
2. Él acaba de graduarse en la universidad este marzo.
3. El Sr. Miller debe de estar en la sala de reuniones.

Ejemplos de oraciones
1. ¡Hola! Soy Tanaka. ¿Puede hablar ahora?
   ……Lo siento, es que estoy a punto de subirme al tren. Lo llamaré más tarde.
2. ¿Sabe la causa de la avería?
   ……No, estamos investigando ahora.
3. ¿Está aquí la Srta. Watanabe?
   ……¡Ay! Acaba de marcharse ahora mismo.
   Es posible que esté cerca del ascensor.
4. ¿Cómo le va en el trabajo?
   ……Apenas me incorporé a la empresa el mes pasado, así que todavía no puedo decir mucho.
5. Compré esta cámara de vídeo hace tan solo una semana, pero ya presenta problemas.
   ……Déjeme verla un momento.
6. ¿El Sr. Miller no ha llegado todavía?
   ……Acaba de llamar desde la estación, así que debe de estar a punto de llegar.

Diálogo
Apenas la repararon la semana pasada, pero...

Persona encargada:	Servicio de Atención al Cliente de la Compañía de Gas, dígame.
Thawaphon:	Esto... mi cocina de gas no funciona bien.
Persona encargada:	¿Qué le pasa?
Thawaphon:	Apenas la repararon la semana pasada, pero el fuego vuelve a apagarse enseguida. Es muy peligroso, ¿podrían venir a mirarla pronto?
Persona encargada:	De acuerdo. Creo que alguien podrá ir sobre las cinco. Dígame su nombre y dirección, por favor.
	…………………………………………………
Thawaphon:	Oiga, me han dicho que vendrían a revisar la cocina de gas sobre las cinco. ¿No vienen todavía?
Persona encargada:	Disculpe, ¿podría decirme su nombre?
Thawaphon:	Soy Thawaphon.
Persona encargada:	Espere un momento. Comunico con la persona encargada.
	…………………………………………………
Persona encargada:	Perdone por la espera. Ahora está de camino a su casa. Espere unos 10 minutos, por favor.

III. Palabras e informaciones de referencia

かたかな語のルーツ　　Origen de las palabras en *katakana*

La lengua japonesa contiene numerosas palabras de origen extranjero, y éstas se escriben en *katakana*. La mayoría de los préstamos son del inglés, si bien existen también extranjerismos procedentes del francés, el holandés, el alemán y el portugués, entre otros idiomas. Además, hay términos creados en Japón que se escriben en *katakana*.

	食べ物・飲み物 comidas y bebidas	服飾 ropas y accesorios	医療関係 términos médicos	芸術 artes	その他 otros
英語	ジャム mermelada ハム jamón クッキー galleta チーズ queso	エプロン delantal スカート falda スーツ traje	インフルエンザ gripe ストレス estrés	ドラマ drama, serie de televisión コーラス coro メロディー melodía	スケジュール programa, itinerario ティッシュペーパー tisú, pañuelo de papel トラブル problema, dificultad レジャー ocio
フランス語	コロッケ croqueta オムレツ tortilla (francesa)	ズボン pantalones ランジェリー lencería		バレエ *ballet* アトリエ taller	アンケート encuesta コンクール concurso
ドイツ語	フランクフルト[ソーセージ] salchicha de Fráncfort		レントゲン radiografía アレルギー alergia	メルヘン cuento de hadas	アルバイト trabajo por horas エネルギー energía テーマ tema
オランダ語	ビール cerveza コーヒー café	ホック corchete ズック zapatillas de lona	メス bisturí ピンセット pinzas	オルゴール caja de música	ゴム goma　ペンキ pintura ガラス cristal
ポルトガル語	パン pan カステラ bizcocho	ビロード terciopelo ボタン botón			カルタ juego de naipes japoneses
イタリア語	マカロニ macarrones パスタ pasta スパゲッティ espaguetis			オペラ ópera	

IV. Notas gramaticales

1.
| V forma de diccionario |
| V forma- て いる | ところです
| V forma- た |

La expresión ところ que estudiaremos en esta lección se usa para hablar de un determinado momento de una acción o acontecimiento.

1) V forma de diccionario ところです

Indica que una acción está a punto de comenzar. En muchos casos, esta expresión va acompañada de adverbios tales como これから, [ちょうど] いまから, etc.

① 昼ごはんは もう 食べましたか。
……いいえ、これから 食べる ところです。
¿Ha almorzado ya?
…… No, voy a almorzar ahora.

② 会議は もう 始まりましたか。
……いいえ、今から 始まる ところです。
¿Ha empezado ya la reunión?
…… No, está a punto de comenzar ahora.

2) V forma- て いる ところです

Indica que una acción está ocurriendo en ese preciso momento. Se usa frecuentemente con いま.

③ 故障の 原因が わかりましたか。
……いいえ、今 調べて いる ところです。
¿Sabe la causa de la avería?
…… No, estamos investigando ahora.

3) V forma- た ところです

Indica que una acción acaba de terminar. A menudo se usa con adverbios tales como たった いま.

④ 渡辺さんは いますか。
……あ、たった今 帰った ところです。
¿Está aquí la Srta. Watanabe?
…… ¡Ay! Acaba de marcharse ahora mismo.

⑤ たった今 バスが 出た ところです。
El autobús acaba de irse ahora mismo.

[Nota] ～ところです es una oración nominal (predicado nominal) y se usa con varias frases modelo.

⑥ もしもし 田中ですが、今 いいでしょうか。
……すみません。今から 出かける ところなんです。
¡Hola! Soy Tanaka. ¿Puede hablar ahora?
…… Lo siento, es que estoy a punto de salir ahora.

2. V forma- た ばかりです

Esta frase modelo expresa el sentimiento del hablante de que no ha pasado mucho tiempo desde que ocurrió cierta acción o acontecimiento. Puede usarse independiente del tiempo que realmente haya pasado si el hablante siente que ha sido corto. Este último aspecto marca la diferencia con V forma- た ところです.

⑦ さっき 昼ごはんを 食べた ばかりです。
   Acabo de almorzar.

⑧ 木村さんは 先月 この 会社に 入った ばかりです。
   La Sra. Kimura apenas se incorporó a la empresa el mes pasado.

[Nota] 〜ばかりです es una oración nominal (predicado nominal) y se usa con varias frases modelo.

⑨ この ビデオは 先週 買った ばかりなのに、調子が おかしいです。
   Compré este vídeo hace tan solo una semana, pero ya presenta problemas.

3.
```
V forma de diccionario
V (forma- ない)ない
A- い(〜い)            } はずです
A- な[な]
S の
```

Esta frase modelo se utiliza cuando el hablante afirma, con convicción, su juicio o evaluación teniendo en cuenta una justificación existente.

⑩ ミラーさんは きょう 来るでしょうか。
   ……来る はずですよ。きのう 電話が ありましたから。
   ¿Cree Ud. que el Sr. Miller vendrá hoy?
   …… Debe de venir. Es que recibí una llamada de teléfono suya ayer.

En el ejemplo ⑩, la justificación para el juicio del hablante es la llamada de teléfono de ayer. Basándose en esta llamada, el hablante considera que el Sr. Miller vendrá hoy. El hablante muestra su firme convicción en este juicio usando 〜はずです.

Lección 47

I. Vocabulario

ふきますⅠ [かぜが～]	吹きます [風が～]	[el viento] soplar
もえますⅡ [ごみが～]	燃えます	quemarse [la basura], incendiarse
なくなりますⅠ	亡くなります	fallecer (eufemismo de しにます)
あつまりますⅠ [ひとが～]	集まります [人が～]	reunirse [la gente]
わかれますⅡ [ひとが～]	別れます [人が～]	separarse [la gente]
しますⅢ		
[おと／こえが～]	[音／声が～]	oírse [un sonido/una voz]
[あじが～]	[味が～]	saber a
[においが～]		oler a
きびしい	厳しい	estricto, duro
ひどい		terrible, horrible
こわい	怖い	espantoso, aterrador
じっけん	実験	experimento, ensayo
データ		dato
じんこう	人口	población
におい		olor
かがく	科学	ciencia
いがく*	医学	medicina
ぶんがく	文学	literatura
パトカー		coche patrulla, coche de policía
きゅうきゅうしゃ	救急車	ambulancia
さんせい	賛成	aprobación, acuerdo
はんたい	反対	objeción, oposición
だいとうりょう	大統領	presidente de gobierno
～に よると		de acuerdo con ～, según ～ (indica la fuente de información)

〈会話〉

婚約します Ⅲ	prometerse (en matrimonio)
どうも	parece que (se usa cuando se formula una hipótesis)
恋人	novio(a)
相手	otra parte, pareja
知り合います Ⅰ	conocer

〈読み物〉

化粧	maquillaje (〜を します：maquillarse)
世話を します Ⅲ	cuidar, atender
女性	femenino, mujer
男性	masculino, hombre
長生き	larga vida (〜します：vivir una larga vida)
理由	razón
関係	relación

II. Traducción

Frases modelo
1. Según el pronóstico meteorológico, mañana hará frío.
2. Parece que hay alguien en la habitación de al lado.

Ejemplos de oraciones
1. He leído en el periódico que el concurso de oratoria en japonés se celebrará en enero. Sr. Miller, ¿no quiere participar Ud. también?
   ……Pues me lo pensaré.
2. He oído que Klara vivía en Francia cuando era niña.
   ……Por eso entiende también francés.
3. Dicen que el nuevo diccionario electrónico de la Power Electric es muy bueno por su facilidad de uso.
   ……Sí. Yo ya lo he comprado.
4. Dicen que el profesor Watt es estricto.
   ……Sí, pero sus clases son muy interesantes.
5. Se oyen voces muy animadas, ¿verdad?
   ……Sí. Parece que están celebrando una fiesta.
6. Hay mucha gente, ¿verdad?
   ……Parece que ha ocurrido un accidente. Han venido un coche de policía y una ambulancia.

Diálogo
He oído que se han prometido

Watanabe: Me marcho antes. Adiós.
Takahashi: Srta. Watanabe, espere un momento. Yo también me marcho.
Watanabe: Disculpe. Tengo un poco de prisa.
    ………………………………………………
Takahashi: Últimamente la Srta. Watanabe se marcha muy pronto. Parece que tiene novio.
Hayashi: ¿Eh? ¿No lo sabía Ud.? He oído que se han prometido recientemente.
Takahashi: ¡Eh!, ¿y quién es él?
Hayashi: Es el Sr. Suzuki, de la IMC.
Takahashi: ¡Eh!, ¿el Sr. Suzuki?
Hayashi: He oído que se conocieron en la boda del Sr. Watt.
Takahashi: Entiendo.
Hayashi: A propósito, Sr. Takahashi, ¿y Ud.?
Takahashi: ¿Yo? El trabajo es mi novia.

III. Palabras e informaciones de referencia

擬音語・擬態語 (ぎおんご・ぎたいご)　Onomatopeyas

ザーザー（降る） llover a cántaros, caer chuzos de punta	ピューピュー（吹く） silbar, soplar un viento fuerte	ゴロゴロ（鳴る） tronar
ワンワン（ほえる） ladrar; guau, guau	ニャーニャー（鳴く） maullar; miau, miau	カーカー（鳴く） graznar
げらげら（笑う） reírse a carcajadas	しくしく（泣く） sollozar	きょろきょろ（見る） hacer vagar la vista
ぱくぱく（食べる） devorar, comer con placer	ぐうぐう（寝る） dormir como un tronco	すらすら（読む） leer con fluidez
ざらざら（している） estar áspero/rasposo	べたべた（している） estar pegajoso	つるつる（している） estar resbaladizo/liso

IV. Notas gramaticales

1. | Forma informal そうです | He oído que/Oí que...

Es una expresión para transmitir información que se ha obtenido de alguna fuente sin añadir el punto de vista del propio hablante. Cuando se menciona la fuente de información, se indica mediante 〜に よると (según, de acuerdo con), que se coloca al comienzo de la oración.

① 天気予報に よると、あしたは 寒く なるそうです。
   Según el pronóstico meteorológico, mañana hará frío.

② クララさんは 子どもの とき、フランスに 住んで いたそうです。
   He oído que Klara vivía en Francia cuando era niña.

③ バリは とても きれいだそうです。
   He oído que la isla de Bali es muy bonita.

[Nota 1] Esta expresión se diferencia tanto en significado como en manera de conectar de 〜そうです, que aprendimos en la lección 43. Vamos a comparar las siguientes oraciones.

④ 雨が 降りそうです。　　　　Parece que lloverá. (lección 43)

⑤ 雨が 降るそうです。　　　　He oído que lloverá.

⑥ この 料理は おいしそうです。　Este plato tiene muy buena pinta. (lección 43)

⑦ この 料理は おいしいそうです。He oído que este plato es delicioso.

[Nota 2] Diferencia entre 〜そうです (rumores) y 〜と いって いました (lección 33)

⑧ ミラーさんは あした 京都へ 行くそうです。
   He oído que el Sr. Miller irá a Kioto mañana.

⑨ ミラーさんは あした 京都へ 行くと 言って いました。
   El Sr. Miller dijo que irá a Kioto mañana.

En el ejemplo ⑨ la fuente de información es el propio Sr. Miller, mientras que en ejemplo ⑧ es probable que la fuente de información no sea él sino otra persona.

2.
V	forma informal	
A-い	forma informal	
A-な	forma informal 〜だ→〜な	ようです　Parece que...
S	forma informal 〜だ→〜の	

〜ようです se utiliza cuando el hablante hace un juicio a partir de las circunstancias de un determinado momento. Suele ir acompañado del adverbio どうも, que indica que "el hablante no puede afirmarlo categóricamente, pero...".

⑩ 人が 大勢 集まって いますね。
   ……事故のようですね。パトカーと 救急車が 来て いますよ。
   Hay mucha gente, ¿verdad?
   …… Parece que ha ocurrido un accidente. Han venido un coche de policía y una ambulancia.

⑪ せきも 出るし、頭も 痛い。どうも かぜを ひいたようだ。
   Tengo tos y dolor de cabeza. Parece que me he resfriado.

[Nota] Diferencia entre 〜そうです (lección 43) y 〜ようです

⑫　ミラーさんは 忙(いそが)しそうです。　　El Sr. Miller parece estar ocupado.

⑬　ミラーさんは 忙(いそが)しいようです。　Parece que el Sr. Miller está ocupado.

En el ejemplo ⑫ se dice que el Sr. Miller está ocupado a juzgar por su aspecto, mientras que en el ejemplo ⑬ el hablante realiza un juicio basándose en alguna circunstancia; por ejemplo, es difícil comunicarse con él, o no viene a la fiesta a pesar de que estaba en sus planes.

3. 　声(こえ)／音(おと)／におい／味(あじ)が します

⑭　にぎやかな 声(こえ)が しますね。

　　　Se oyen voces muy animadas, ¿verdad?

Esta expresión se utiliza para señalar que se percibe algún ruido o voz, olor, sabor, etc., a través de los órganos de los sentidos.

Lección 48

I. Vocabulario

おろします I	降ろします、下ろします	bajar, descargar
とどけます II	届けます	llevar, entregar
せわを します III	世話を します	cuidar, atender
ろくおんします III	録音します	grabar
いや[な]	嫌[な]	desagradable, molesto, detestable
じゅく	塾	academia preparatoria
せいと	生徒	alumno, estudiante
ファイル		carpeta, archivador, fichero
じゆうに	自由に	libremente
〜かん	〜間	durante 〜 (se refiere a la duración)
いい ことですね。		Eso es bueno.

〈会話〉

お忙しいですか。 ¿Está Ud. ocupado? (se usa cuando se dirige a una persona superior o mayor)

営業 negocios, ventas

それまでに hasta entonces, antes de esa fecha

かまいません。 No hay problema.

楽しみますⅠ disfrutar

〈読み物〉

親 padres

小学生 alumno de primaria

－パーセント – por ciento

その次 lo segundo, lo siguiente

習字 caligrafía

普通の ordinario, común, normal y corriente

II. Traducción

Frases modelo
1. Voy a mandar a mi hijo a estudiar a Inglaterra.
2. Hago que mi hija aprenda a tocar el piano.

Ejemplos de oraciones
1. He oído que esta escuela de fútbol es estricta en los entrenamientos.
   ······Sí, hacen que los niños corran un kilómetro al día.
2. Ya me voy.
   ······Esto... espere un momento, por favor.
   Le diré a mi hijo que lo lleve a la estación.
3. Aparte de la escuela, ¿Hans estudia algo más?
   ······Sí. Nos dijo que quería aprender judo, así que lo mandamos a una escuela de judo.
4. ¿Cómo es la profesora Ito?
   ······Pues es una buena profesora. Deja que los estudiantes lean los libros que les gustan y que den su opinión libremente.
5. Disculpe, ¿podría dejarme aparcar el coche aquí un rato?
   ······Por supuesto.

Diálogo

¿Podría darme unos días de permiso?

Miller: Sra. Nakamura, ¿está ocupada ahora?
Nakamura: No, dígame.
Miller: Quisiera pedirle un favor.
Nakamura: ¿De qué se trata?
Miller: Pues, ¿podría darme unos diez días de permiso a partir del día 7 del próximo mes?
Nakamura: ¿Diez días?
Miller: Resulta que un amigo de Estados Unidos va a casarse.
Nakamura: Entiendo.
Bueno, el día 20 del próximo mes tendremos una reunión de ventas. Puede volver antes de esa fecha, ¿verdad?
Miller: Sí.
Nakamura: En ese caso, no hay problema. Que disfrute de sus vacaciones.
Miller: Muchas gracias.

III. Palabras e informaciones de referencia

しつける・鍛える　　Disciplina

子どもに何をさせますか。　¿Qué le permite u obliga a hacer Ud. a su hijo?

- 自然の中で遊ぶ
  jugar en plena naturaleza

- スポーツをする
  practicar deporte

- 一人で旅行する
  viajar solo

- いろいろな経験をする
  acumular diversas experiencias

- いい本をたくさん読む
  leer muchos libros buenos

- お年寄りの話を聞く
  escuchar historias contadas por personas mayores

- ボランティアに参加する
  participar en actividades de voluntariado

- うちの仕事を手伝う
  ayudar en las tareas domésticas

- 弟や妹、おじいちゃん、おばあちゃんの世話をする
  cuidar de sus hermanos y abuelos

- 自分がやりたいことをやる
  hacer lo que le guste

- 自分のことは自分で決める
  tomar decisiones por sí mismo

- 自信を持つ
  tener confianza en sí mismo

- 責任を持つ
  asumir responsabilidades

- 我慢する
  tener paciencia, aguantar(se)

- 塾へ行く
  ir a una escuela preparatoria

- ピアノや英語を習う
  aprender a tocar el piano, estudiar inglés, etc.

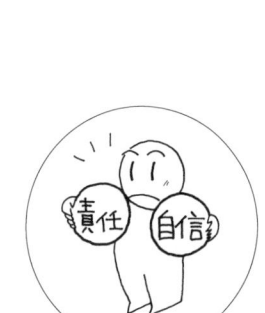

IV. Notas gramaticales

1. Verbos causativos

		Verbos causativos	
		forma cortés	forma informal
I	いきます	いかせます	いかせる
II	たべます	たべさせます	たべさせる
III	きます	こさせます	こさせる
	します	させます	させる

(Véase la práctica A1 de la lección 48 del Texto Principal)

Los verbos causativos se conjugan como verbos del Grupo II.
Ejemplo: かかせます　かかせる　かかせ(ない)　かかせて

2. Oraciones con verbos causativos

Hay dos tipos de verbos causativos: los que indican el sujeto de una acción con を y los que lo marcan con に. Cuando el verbo es intransitivo, como en el apartado 1) que aparece a continuación, en principio se usa を, mientras que si es transitivo, como en 2), se emplea に.

1) S(persona) を V(intransitivo) causativo　　hacer/dejar/permitir/mandar a una persona V(intransitivo)

① 部長は ミラーさんを アメリカへ 出張させます。
El gerente de departamento manda al Sr. Miller a Estados Unidos por negocios.

② わたしは 娘を 自由に 遊ばせました。
Dejé jugar libremente a mi hija.

[Nota] Cuando en esta oración se usa un verbo intransitivo con "S (lugar) を", el sujeto de la acción se indica con に.

③ わたしは 子どもに 道の 右側を 歩かせます。
Mando a mi hijo que camine por el lado derecho de la calle.

2) S₁(persona) に S₂ を V(transitivo) causativo　　hacer/dejar/permitir/mandar a una persona V(transitivo)

④ 朝は 忙しいですから、娘に 朝ごはんの 準備を 手伝わせます。
Por la mañana estoy ocupada, así que hago que mi hija me ayude a preparar el desayuno.

⑤ 先生は 生徒に 自由に 意見を 言わせました。
El profesor dejó a los estudiantes que dieran su opinión libremente.

3. Uso de los verbos causativos

Los verbos causativos indican obligación o consentimiento. Por este motivo, se emplean oraciones con verbos causativos cuando una persona de mayor edad o superior en el orden jerárquico le impone algo a otra de menor edad o inferior en el orden jerárquico, o da su consentimiento para que realice alguna acción; por ejemplo, un padre a su hijo, un hermano mayor a su hermano menor o un jefe a un subordinado. En los ejemplos ①, ③ y ④ se expresa obligación, mientras que los ejemplos ② y ⑤ indican consentimiento.

[Nota] Cuando el hablante se dirige a una persona de mayor edad o superior en el orden jerárquico no suele emplear frases con verbos causativos, ya que no se encuentra en posición para imponer o consentir. Por este motivo, en frases en las que se expresa que una persona hace que otra realice alguna acción (en el ejemplo ⑥ una persona, ぶちょう, lleva a cabo una acción, せつめいします), se utilizan expresiones tales como V forma- て いただきます y V forma- て もらいます, que indican agradecimiento por un favor recibido. En el ejemplo ⑦ vemos que esta manera de hablar puede usarse cuando se recibe un favor de una persona de la misma edad o menor, o que tiene la misma posición o una inferior en el orden jerárquico.

⑥ わたしは 部長に 説明して いただきました。

Me lo explicó el gerente de departamento. (Lit. El gerente de departamento me hizo el favor de explicármelo.)

⑦ わたしは 友達に 説明して もらいました。

Me lo explicó mi amigo. (Lit. Mi amigo me hizo el favor de explicármelo.)

4. V causativo forma- て いただけませんか ¿Podría...?

En la lección 26 aprendimos V forma- て いただけませんか, una expresión de solicitud cortés. En esta lección estudiaremos que V causativo forma- て いただけませんか se utiliza cuando se quiere pedir consentimiento para hacer algo.

⑧ いい 先生を 紹介して いただけませんか。

¿Podría presentarme a un buen maestro? (lección 26)

⑨ 友達の 結婚式が あるので、早く 帰らせて いただけませんか。

Debido a que iré a la boda de mi amigo, ¿podría dejarme salir más temprano?

En el ejemplo ⑧ el oyente realizará la acción, しょうかいします, mientras que en el ejemplo ⑨ será el hablante quien lleve a cabo la acción, かえります.

Lección 49

I. Vocabulario

りようします Ⅲ	利用します	usar, utilizar, aprovechar
つとめます Ⅱ ［かいしゃに～］	勤めます ［会社に～］	trabajar [en una empresa]
かけます Ⅱ ［いすに～］	掛けます	sentarse [en una silla]
すごします Ⅰ	過ごします	pasar (el tiempo)
いらっしゃいます Ⅰ		estar, ir, venir (expresión respetuosa de います, いきます y きます)
めしあがります Ⅰ	召し上がります	comer, beber (expresión respetuosa de たべます y のみます)
おっしゃいます Ⅰ		decir, llamarse (expresión respetuosa de いいます)
なさいます Ⅰ		hacer (expresión respetuosa de します)
ごらんに なります Ⅰ	ご覧に なります	ver, observar (expresión respetuosa de みます)
ごぞんじです	ご存じです	saber, conocer (expresión respetuosa de しって います)
あいさつ		saludo (～を します：saludar, dirigir la palabra)
りょかん	旅館	hotel de estilo japonés
バスてい	バス停	parada de autobús
おくさま	奥様	tu/su mujer (expresión respetuosa de おくさん)
～さま	～様	(expresión respetuosa de ～さん)
たまに		raras veces, de vez en cuando
どなたでも		cualquiera (expresión respetuosa de だれでも)
～と いいます		llamarse ～

〈会話〉

一年一組	grupo – del – curso
出しますⅠ［熱を〜］	subir, tener [la fiebre]
よろしく お伝え ください。	Dele recuerdos de mi parte.
失礼いたします。	Adiós. (expresión humilde de しつれいします)
※ひまわり小学校	nombre ficticio de una escuela primaria

〈読み物〉

経歴	carrera, historial, currículum vítae
医学部	facultad de medicina
目指しますⅠ	aspirar, tener por objetivo
進みますⅠ	ir a (una escuela de posgrado)
iPS細胞	células iPS
開発しますⅢ	desarrollar
マウス	ratón
ヒト	ser humano
受賞しますⅢ	recibir un premio
講演会	conferencia
※山中伸弥	investigador japonés (1962-)
※ノーベル賞	Premio Nobel

II. Traducción

Frases modelo
1. El jefe de sección se ha ido a casa.
2. El director general se ha ido a casa.
3. El gerente de departamento viajará a Estados Unidos por negocios.
4. Por favor, espere un momento.

Ejemplos de oraciones
1. ¿Ya ha leído este libro?
   ······Sí, ya lo he leído.
2. ¿Dónde está el gerente de departamento?
   ······Ha salido hace un rato.
3. ¿Ve Ud. muchas películas?
   ······Sí, de vez en cuando voy al cine con mi mujer.
4. ¿Sabe que el hijo del Sr. Ogawa ha aprobado el examen de ingreso a la Universidad Sakura?
   ······No, no lo sabía.
5. ¿Cómo se llama?
   ······Me llamo Watt.
6. ¿A qué se dedica?
   ······Soy empleado de banca. Trabajo en el Banco Apple.
7. ¿Está el gerente de departamento Matsumoto?
   ······Sí, está en esta sala. Pase, por favor.

Diálogo

¿Podría darle un recado?

Maestro: Escuela Primaria Himawari, dígame.
Klara: Buenos días.
          Soy la madre de Hans Schmidt, del grupo dos del quinto curso. ¿Puede ponerme con la profesora Ito, por favor?
Maestro: No ha llegado todavía.
Klara: Entonces, ¿podría darle un recado?
Maestro: Por supuesto. Dígame.
Klara: Pues, Hans tenía fiebre anoche y esta mañana no le ha bajado todavía.
Maestro: Vaya, cuánto lo siento.
Klara: Por eso hoy no irá al colegio. ¿Podría decírselo a la profesora Ito, por favor?
Maestro: De acuerdo. Que se mejore.
Klara: Muchas gracias. Adiós.

III. Palabras e informaciones de referencia

季節の行事 (きせつのぎょうじ) — Festividades y celebraciones durante las cuatro estaciones del año

お正月 (しょうがつ) — Año Nuevo

1月1日～3日 (がつついたち～みっか)

Primera celebración del año. La gente visita santuarios sintoístas o templos budistas para rezar por un año lleno de salud y felicidad.

豆まき (まめまき) — Mame maki

2月3日ごろ (がつみっかごろ)

Se trata de una ceremonia, que se celebra cada 3 de febrero, en la que se lanzan semillas de soja para ahuyentar a los malos espíritus y atraer la buena suerte al hogar, mientras se grita: "¡Demonios fuera, felicidad adentro!"

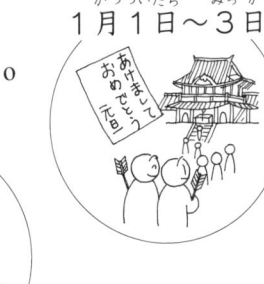

ひな祭り (まつり) — Fiesta de las Niñas o Fiesta de las Muñecas

3月3日 (がつみっか)

Las familias con hijas adornan sus casas con unos muñecos tradicionales.

こどもの日 (ひ) — Día de los Niños

5月5日 (がついつか)

Se festeja el crecimiento y la buena salud de los niños. Originalmente la celebración se limitaba al crecimiento de los varones.

七夕 (たなばた) — Festival de las estrellas Tanabata

7月7日 (がつなのか)

Según la leyenda china en la que tiene su origen esta festividad, las estrellas Altaír y Vega, situadas en los extremos este y oeste de la Vía Láctea, respectivamente, se encuentran una vez al año.

お盆 (ぼん) — Fiesta *Bon*

8月13日～15日 (がつにち～にち)

Es una celebración budista durante la que se reza por las almas de los difuntos. La gente visita las tumbas de sus familiares.

お月見 (つきみ) — Contemplación de la luna

9月15日ごろ (がつにちごろ)

La gente disfruta observando la belleza de la luna llena.

大みそか (おお) — Nochevieja

12月31日 (がつにち)

En el último día del año la gente se prepara para festejar el Año Nuevo haciendo una limpieza general de la casa y preparando *osechi*, comida tradicional de Año Nuevo. A medianoche, en los templos budistas se dan 108 campanadas.

IV. Notas gramaticales

1. 敬語 (Expresiones honoríficas)

けいご son expresiones que sirven para mostrar el respeto del hablante hacia el oyente o la persona a la que se refiere. Su uso está condicionado por factores como la persona con la que se está hablando, la persona acerca de la que se está hablando y la situación. Por lo general, se emplea en los siguientes casos: (1) cuando el hablante se dirige a una persona de mayor edad o superior en el orden jerárquico, o a alguien que no conoce o con quien no tiene una relación muy íntima; (2) cuando habla sobre una persona de mayor edad o superior en el orden jerárquico, y (3) cuando se habla en situaciones formales. Estudiaremos そんけいご (expresiones respetuosas) en la lección 49 y けんじょうご (expresiones humildes) en la lección 50.

2. 尊敬語 (Expresiones respetuosas)

Indican respeto hacia el sujeto de una determinada acción o situación.

1) Verbos

Indican respeto hacia la persona que lleva a cabo la acción.

(1) Verbos respetuosos (Véase la práctica A1 de la lección 49 del Texto Principal)
Tienen la misma forma que los verbos pasivos y, por lo tanto, se conjugan como verbos del Grupo II.
Ejemplo: かかれます　かかれる　かかれ(ない)　かかれて

① 中村さんは 7時に 来られます。　　La Sra. Nakamura viene a las siete.
② お酒を やめられたんですか。　　¿Ha dejado de beber?

(2) お V (forma-ます) に なります
Por lo general, esta frase modelo se considera más cortés que los verbos respetuosos mencionados en (1). No se emplea con los verbos que en su forma-ます tienen una sola sílaba (みます, ねます, etc.), ni con los que pertenecen al Grupo III. Tampoco se usa con los verbos que cuentan con expresiones respetuosas especiales que aparecen a continuación en (3).

③ 社長は もう お帰りに なりました。　El director general se ha ido a casa.

(3) Expresiones respetuosas especiales (Véase la práctica A4 de la lección 49 del Texto Principal)
Algunos verbos tienen equivalentes respetuosos especiales. Se considera que el nivel de respeto es el mismo que el de la frase modelo que aparece en (2).

④ ワット先生は 研究室に いらっしゃいます。
　　El profesor Watt se encuentra en su despacho.
⑤ どうぞ 召し上がって ください。　　　Sírvanse, por favor.

[Nota 1] Los verbos いらっしゃいます (forma de diccionario: いらっしゃる), なさいます (forma de diccionario: なさる), くださいます (forma de diccionario: くださる) y おっしゃいます (forma de diccionario: おっしゃる) pertenecen al Grupo I. Cuidado a la hora de conjugarlos.
Ejemplo: いらっしゃいます (×いらっしゃります)　いらっしゃる
　　　　いらっしゃらない　いらっしゃった　いらっしゃらなかった

(4) お／ご～ ください
Esta frase modelo es una forma respetuosa de V forma-て ください (véase la lección 14). Cuando se emplea con los verbos de los grupos I y II, toma la forma お V (forma-ます) ください, mientras que se convierte en ご S ください si se utiliza con los verbos del Grupo III (S します).

⑥ どうぞ お入り ください。　　　　Pase, por favor.
⑦ 忘れ物に ご注意 ください。
　　Tengan cuidado de no olvidar sus pertenencias, por favor.

No se emplea con los verbos que en su forma-ます tienen una sola sílaba (みます, ねます, etc.). Para los verbos que cuentan con expresiones respetuosas especiales que hemos aprendido en (3), se utiliza forma-て ください de expresión respetuosa especial.

⑧ また いらっしゃって ください。　Venga de nuevo.

2) Sustantivos, adjetivos y adverbios

Se añade お o ご a los sustantivos, adjetivos y adverbios para mostrar respeto hacia la persona que se encuentra en la situación que indica el sustantivo o que posee el objeto al que éste se refiere. Se antepone お o ご en función de la palabra: por lo general, お se emplea con términos de origen japonés, mientras que ご se utiliza con vocablos de origen chino.

Ejemplos de palabras a las que se les antepone お

(S)　　お国, お名前, お仕事
　　　　お約束, お電話
(A-な)　お元気, お上手, お暇
(A-い)　お忙しい, お若い

Ejemplos de palabras a las que se les antepone ご

(S)　　ご家族, ご意見, ご旅行
(A-な)　ご熱心, ご親切
(Adverbio)　ご自由に

[Nota 2] En muchos casos en los que se utiliza けいご, no sólo se emplea para los verbos, sino también para el resto de palabras que forman la oración.

⑨ 部長の 奥様も ごいっしょに ゴルフに 行かれます。
　　La esposa del gerente de departamento también irá a jugar al golf (con él/con otras personas).

3. Expresiones honoríficas y estilo de la oración

En los casos en los que no es necesario mostrar respeto hacia el oyente pero sí hacia la persona sobre la que se está hablando, puede emplearse けいご en estilo informal, como en el ejemplo ⑩.

⑩ 部長は 何時に いらっしゃる？　¿A qué hora llega el gerente de departamento?

4. ～まして

Si se quiere ser cortés, se puede cambiar la forma V forma-て por V (forma-ます) まして.

⑪ ハンスが ゆうべ 熱を 出しまして、けさも まだ 下がらないんです。
　　Hans tenía fiebre anoche y esta mañana no le ha bajado todavía.

5. ～ますので

Si se quiere hablar de modo más cortés que V forma informal ので, se puede emplear V forma cortés ので.

⑫ きょうは 学校を 休ませますので、先生に よろしく お伝え ください。
　　Hoy no irá al colegio. (Lit. Hoy dejaré que mi hijo se quede en casa y no vaya al colegio.) ¿Podría decírselo a la profesora, por favor?

Lección 50

I. Vocabulario

まいります I	参ります	ir, venir (expresión humilde de いきます y きます)
おります I		estar, vivir (expresión humilde de います)
いただきます I		comer, beber, recibir (expresión humilde de たべます, のみます y もらいます)
もうします I	申します	decir, llamarse (expresión humilde de いいます)
いたします I		hacer (expresión humilde de します)
はいけんします III	拝見します	ver, observar (expresión humilde de みます)
ぞんじます II	存じます	saber, conocer (expresión humilde de しります)
うかがいます I	伺います	preguntar, oír, visitar (expresión humilde de ききます y いきます)
おめに かかります I	お目に かかります	ver (expresión humilde de あいます)
いれます II [コーヒーを～]		preparar [café]
よういします III	用意します	preparar
わたくし	私	yo (expresión humilde de わたし)
ガイド		guía
メールアドレス		dirección de correo electrónico
スケジュール		programa, itinerario
さらいしゅう*	さ来週	dentro de dos semanas
さらいげつ	さ来月	dentro de dos meses
さらいねん*	さ来年	dentro de dos años
はじめに	初めに	en primer lugar, primeramente
※江戸東京博物館		Museo Edo-Tokio

〈会話〉

緊張します Ⅲ	ponerse nervioso
賞金	dinero del premio
きりん	jirafa
ころ	tiempos, días
かないます Ⅰ ［夢が〜］	hacerse realidad [el sueño]
応援します Ⅲ	animar, apoyar, ayudar
心から	de corazón
感謝します Ⅲ	agradecer

〈読み物〉

お礼	gratitud, agradecimiento
お元気で いらっしゃいますか。	¿Cómo está Ud.? (expresión respetuosa de おげんきですか)
迷惑を かけます Ⅱ	molestar
生かします Ⅰ	aprovechar
※ミュンヘン	Múnich (Alemania)

II. Traducción

Frases modelo
1. Le voy a mandar el programa de este mes.
2. Visitaré mañana a las tres.
3. Soy de Estados Unidos.

Ejemplos de oraciones
1. Parece muy pesado. ¿Se lo llevo?
   ······Gracias. Por favor.
2. Disculpe, ¿a dónde vamos después de ver este lugar?
   ······Los llevaré al Museo Edo-Tokio.
3. El Sr. Gupta llegará a las dos, ¿verdad? ¿Irá alguien a buscarlo?
   ······Sí, iré yo.
4. Por favor, déjeme ver su billete un momento.
   ······Sí.
   Muchas gracias.
5. Este es el Sr. Miller.
   ······Mucho gusto. Me llamo Miller.
      Encantado de conocerlo.
6. ¿Dónde vive su familia?
   ······Vive en Nueva York.

Diálogo

Se lo agradezco de corazón

Presentador: Enhorabuena por haber ganado el primer premio.
Ha sido un discurso maravilloso.
Miller: Muchas gracias.
Presentador: ¿Estaba nervioso?
Miller: Sí, estaba muy nervioso.
Presentador: ¿Le resultó duro practicar?
Miller: Sí, estaba muy ocupado, así que no tenía mucho tiempo para practicar.
Presentador: ¿En qué va a gastar el dinero del premio?
Miller: Bueno, me gustan los animales y desde niño siempre he querido ir a África.
Presentador: Entonces, ¿irá a África?
Miller: Sí. Me gustaría ver jirafas y elefantes en medio de la naturaleza africana.
Presentador: Su sueño de la infancia se hará realidad, ¿eh?
Miller: Sí. Estoy contento.
Agradezco de corazón el apoyo de todos aquellos que me animaron. Muchas gracias.

III. Palabras e informaciones de referencia

封筒・はがきのあて名の書き方　Cómo escribir la dirección

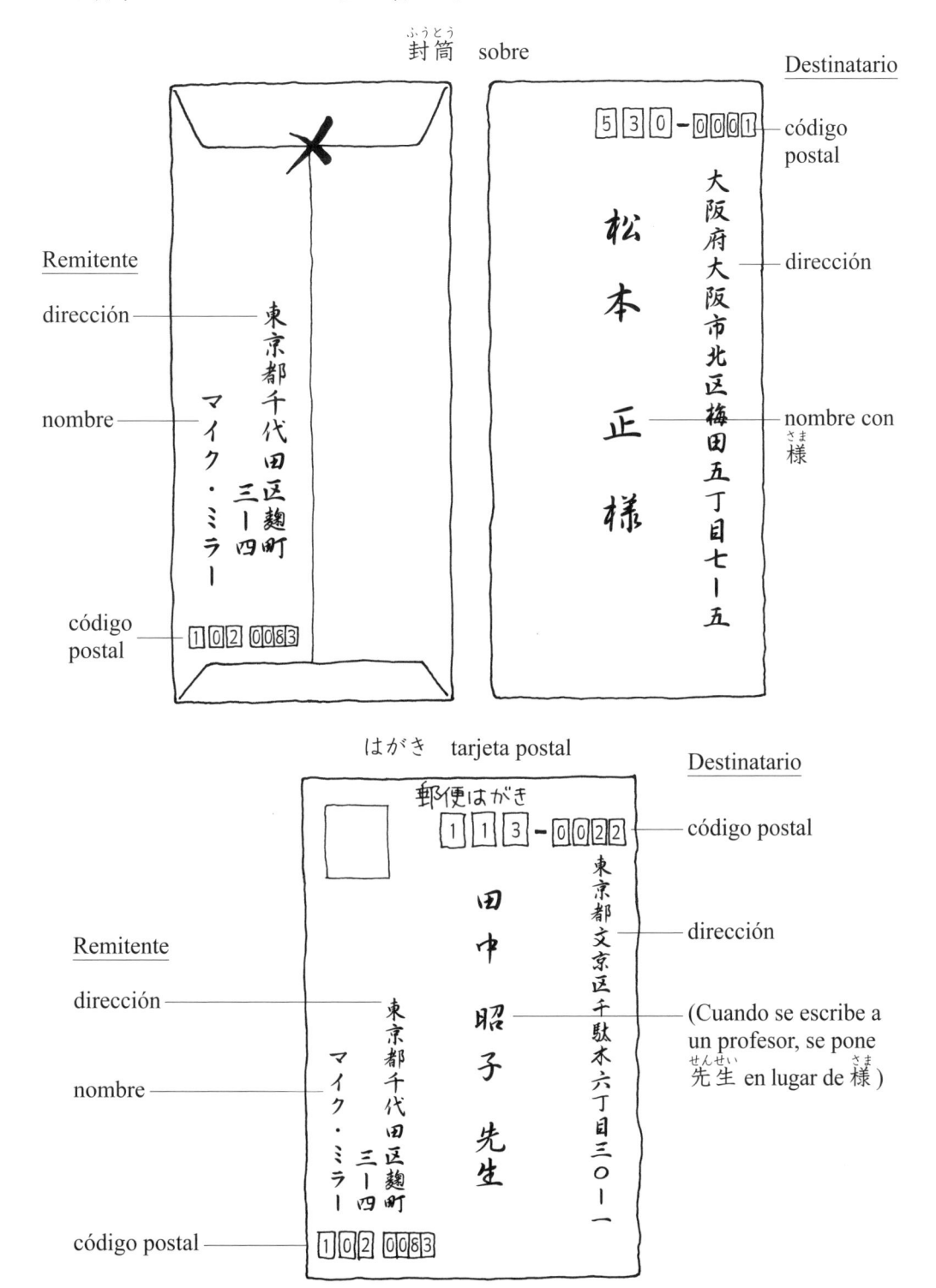

封筒　sobre

Destinatario:
- código postal: 530-0001
- dirección: 大阪府大阪市北区梅田五丁目七-五
- nombre con 様: 松本 正 様

Remitente:
- dirección: 東京都千代田区麹町三-四
- nombre: マイク・ミラー
- código postal: 102-0083

はがき　tarjeta postal

Destinatario:
- código postal: 113-0022
- dirección: 東京都文京区千駄木六丁目三〇-一
- 田中 昭子 先生

(Cuando se escribe a un profesor, se pone 先生 en lugar de 様)

Remitente:
- dirección: 東京都千代田区麹町三-四
- nombre: マイク・ミラー
- código postal: 102-0083

IV. Notas gramaticales

1. 謙譲語Ⅰ（Expresiones humildes del tipo I - verbos）

Las expresiones humildes del tipo I se emplean cuando el hablante muestra respeto hacia las personas (incluso personas de parte de las mismas) a quienes el hablante (incluso personas relacionadas con el hablante) realiza algún tipo de acción. El hablante, por lo tanto, utiliza expresiones humildes para restarle importancia o valor a la acción en cuestión.

1) お／ご～します

   (1) お V（Grupo I y Grupo II）（forma- ます）します

   ① 重そうですね。お持ちしましょうか。
      Parece muy pesado. ¿Se lo llevo?
   ② 私が社長にスケジュールをお知らせします。
      Le comunicaré el programa al director general.
   ③ 兄が車でお送りします。　　Mi hermano mayor lo llevará en su coche.

   En el ejemplo ① el hablante muestra respeto hacia una persona a quien dirige la acción de llevar un bulto o equipaje que parece muy pesado, o sea, el poseedor del objeto (en este caso el oyente). En el ejemplo ② muestra respeto hacia el director general, hacia quien dirige la acción de comunicar el programa, mientras que en el ejemplo ③ muestra respeto hacia la persona a la que su hermano mayor llevará en su coche, que en este caso es el oyente también.
   No se emplea con los verbos que en su forma- ます tienen una sola sílaba (みます, います, etc.).

   (2) ご V（Grupo III）
   ④ 江戸東京博物館へご案内します。
      Los llevaré al Museo Edo-Tokio.
   ⑤ きょうの予定をご説明します。
      Le explicaré el programa de hoy.

   Esta frase modelo se emplea con verbos del Grupo III. Además de los verbos que aparecen en los ejemplos anteriores, se puede utilizar con verbos como しょうかいします, しょうたいします, そうだんします y れんらくします, entre otros. でんわします y やくそくします son excepciones en las que se antepone お en lugar de ご.

2) Expresiones humildes especiales (Véase la práctica A3 de la lección 50 del Texto Principal)
   Hay algunos verbos que tienen una expresión humilde especial.
   ⑥ 社長の奥様にお目にかかりました。
      Tuve el gusto de conocer a la esposa del director general.
   ⑦ あしたはだれが手伝いに来てくれますか。
   　　……私が伺います。
      ¿Quién vendrá mañana a ayudarme?
      …… Iré yo.

2. 謙譲語II（けんじょうご）(Expresiones humildes del tipo II - verbos)

El hablante utiliza estas expresiones para mencionarle al oyente de forma cortés alguna acción realizada por él mismo o por personas relacionadas con él.

⑧ 私（わたくし）は ミラーと 申（もう）します。　　Me llamo Miller.

⑨ アメリカから 参（まい）りました。　　Soy de Estados Unidos.

En el ejemplo ⑧ se emplea もうします en lugar de いいます, mientras que en el ejemplo ⑨ se utiliza まいりました en vez de きました. De este modo, el hablante se refiere a sus propias acciones de manera cortés. Otras expresiones de este tipo son いたします y ［～て］おります entre otras.

監修　Supervisión
鶴尾能子（Tsuruo Yoshiko）　石沢弘子（Ishizawa Hiroko）

執筆協力　Colaboración
田中よね（Tanaka Yone）　澤田幸子（Sawada Sachiko）　重川明美（Shigekawa Akemi）
牧野昭子（Makino Akiko）　御子神慶子（Mikogami Keiko）

スペイン語翻訳　Traducción en español
AZ Support Co., Ltd.

本文イラスト　Ilustración
向井直子（Mukai Naoko）　山本和香（Yamamoto Waka）　佐藤夏枝（Sato Natsue）

装丁・本文デザイン　Diseño y maquetación
山田武（Yamada Takeshi）

みんなの日本語　初級Ⅱ　第2版
翻訳・文法解説　スペイン語版

1999年10月25日　初版第1刷発行
2014年10月20日　第2版第1刷発行
2024年4月4日　第2版第7刷発行

編著者　スリーエーネットワーク
発行者　藤嵜政子
発　行　株式会社スリーエーネットワーク
　　　　〒102-0083　東京都千代田区麹町3丁目4番
　　　　　　　　　　トラスティ麹町ビル2F
　　　　電話　営業　03（5275）2722
　　　　　　　編集　03（5275）2725
　　　　https://www.3anet.co.jp/
印　刷　倉敷印刷株式会社

ISBN978-4-88319-703-3　C0081
落丁・乱丁本はお取替えいたします。
本書の全部または一部を無断で複写複製（コピー）することは著作権法上
での例外を除き、禁じられています。
「みんなの日本語」は株式会社スリーエーネットワークの登録商標です。

みんなの日本語シリーズ

みんなの日本語 初級I 第2版

- 本冊（CD付）……………… 2,750円（税込）
- 本冊 ローマ字版（CD付）…… 2,750円（税込）
- 翻訳・文法解説 ………… 各2,200円（税込）
  英語版／ローマ字版【英語】／中国語版／韓国語版／
  ドイツ語版／スペイン語版／ポルトガル語版／
  ベトナム語版／イタリア語版／フランス語版／
  ロシア語版（新版）／タイ語版／インドネシア語版／
  ビルマ語版／シンハラ語版／ネパール語版
- 教え方の手引き ……………… 3,080円（税込）
- 初級で読めるトピック25 …… 1,540円（税込）
- 聴解タスク25 ………………… 2,200円（税込）
- 標準問題集 ……………………… 990円（税込）
- 漢字 英語版 ………………… 1,980円（税込）
- 漢字 ベトナム語版 ………… 1,980円（税込）
- 漢字練習帳 ……………………… 990円（税込）
- 書いて覚える文型練習帳 …… 1,430円（税込）
- 導入・練習イラスト集 ……… 2,420円（税込）
- CD 5枚セット ……………… 8,800円（税込）
- 会話DVD …………………… 8,800円（税込）
- 会話DVD　PAL方式 ……… 8,800円（税込）
- 絵教材CD-ROMブック …… 3,300円（税込）

みんなの日本語 初級II 第2版

- 本冊（CD付）……………… 2,750円（税込）
- 翻訳・文法解説 ………… 各2,200円（税込）
  英語版／中国語版／韓国語版／ドイツ語版／
  スペイン語版／ポルトガル語版／ベトナム語版／
  イタリア語版／フランス語版／ロシア語版（新版）／
  タイ語版／インドネシア語版／ビルマ語版／
  ネパール語版
- 教え方の手引き ……………… 3,080円（税込）
- 初級で読めるトピック25 …… 1,540円（税込）
- 聴解タスク25 ………………… 2,640円（税込）
- 標準問題集 ……………………… 990円（税込）
- 漢字 英語版 ………………… 1,980円（税込）
- 漢字 ベトナム語版 ………… 1,980円（税込）
- 漢字練習帳 …………………… 1,320円（税込）
- 書いて覚える文型練習帳 …… 1,430円（税込）
- 導入・練習イラスト集 ……… 2,640円（税込）
- CD 5枚セット ……………… 8,800円（税込）
- 会話DVD …………………… 8,800円（税込）
- 会話DVD　PAL方式 ……… 8,800円（税込）
- 絵教材CD-ROMブック …… 3,300円（税込）

みんなの日本語 初級 第2版

- やさしい作文 ……………… 1,320円（税込）

みんなの日本語 中級I

- 本冊（CD付）……………… 3,080円（税込）
- 翻訳・文法解説 ………… 各1,760円（税込）
  英語版／中国語版／韓国語版／ドイツ語版／
  スペイン語版／ポルトガル語版／フランス語版／
  ベトナム語版
- 教え方の手引き ……………… 2,750円（税込）
- 標準問題集 ……………………… 990円（税込）
- くり返して覚える単語帳 ……… 990円（税込）

みんなの日本語 中級II

- 本冊（CD付）……………… 3,080円（税込）
- 翻訳・文法解説 ………… 各1,980円（税込）
  英語版／中国語版／韓国語版／ドイツ語版／
  スペイン語版／ポルトガル語版／フランス語版／
  ベトナム語版
- 教え方の手引き ……………… 2,750円（税込）
- 標準問題集 ……………………… 990円（税込）
- くり返して覚える単語帳 ……… 990円（税込）

- 小説 ミラーさん
  ―みんなの日本語初級シリーズ―
- 小説 ミラーさんII
  ―みんなの日本語初級シリーズ―
  ………………… 各1,100円（税込）

スリーエーネットワーク

ウェブサイトで新刊や日本語セミナーをご案内しております。
https://www.3anet.co.jp/